育成年代

高体連
VS
Jクラブユース
日本サッカーの
将来を担うのは
どっちだ!?

原田大輔
Daisuke Harada

「育成年代」目次

第3章

高体連サッカー部　強豪校の監督に聞く②

本文中で登場する人物の所属チームなどは、2019年11月現在のものです。また、登場人物は原則、敬称を略しています。

●本書に登場するキーワード

育成年代
国や地域によって様々な解釈があるが、本書においては、18歳以下のサッカー選手のことを指している。中でも特に断りがない場合は第2種(U-18)のユース年代を指すものとする。

高体連
全国高等学校体育連盟の略称。日本の高校スポーツを統括する組織。本書内では「高体連所属のサッカー部」の意味で用いる。2019年度で高体連加盟のサッカー部(男子)は全国4,038校、競技者数は16万2,397人にのぼる。

クラブユース
日本クラブユース連盟に加盟する第2種のサッカーチーム。2019年現在、全国に124の加盟チームがあり、3,384人の競技者がいる。Jクラブ傘下のユースチームもここに所属してる。

Jクラブユース
クラブユースチームの中で、トップチームがJリーグに所属しているチームを指す。J1〜J3の55チームすべてに育成部門があることから、Jクラブユースの現在のチーム数も55チームということになる。

Jアカデミー
Jリーグクラブの育成部門のこと。地域のチームとの連携を考慮してジュニアチームを持たずスクールで代替しているクラブもあるが、ユース(U-18)、ジュニアユース(U-15)のチームを傘下に持つことは義務付けられている。ユースはクラブ内に1チームだが、ジュニアユースは複数チーム持つクラブも多い。

選手の種別分け
日本サッカー協会(JFA)では以下の要領で競技選手をカテゴリー分けしている

第1種……年齢を制限しない選手により構成されるチーム
Jリーグ、JFL、社会人連盟、大学連盟、高専連盟など

第2種……18歳未満の選手で構成されるチーム
(高校在学中の選手も含む)
高体連、クラブユース連盟、その他

第3種……15歳未満の選手で構成されるチーム
(中学校在学中の選手も含む)
中体連、クラブユース連盟、その他

第4種……12歳未満の選手で構成されるチーム
(小学校在学中の選手も含む)

【日本サッカー協会に登録している選手のカテゴリー別競技人口】(2018年度)

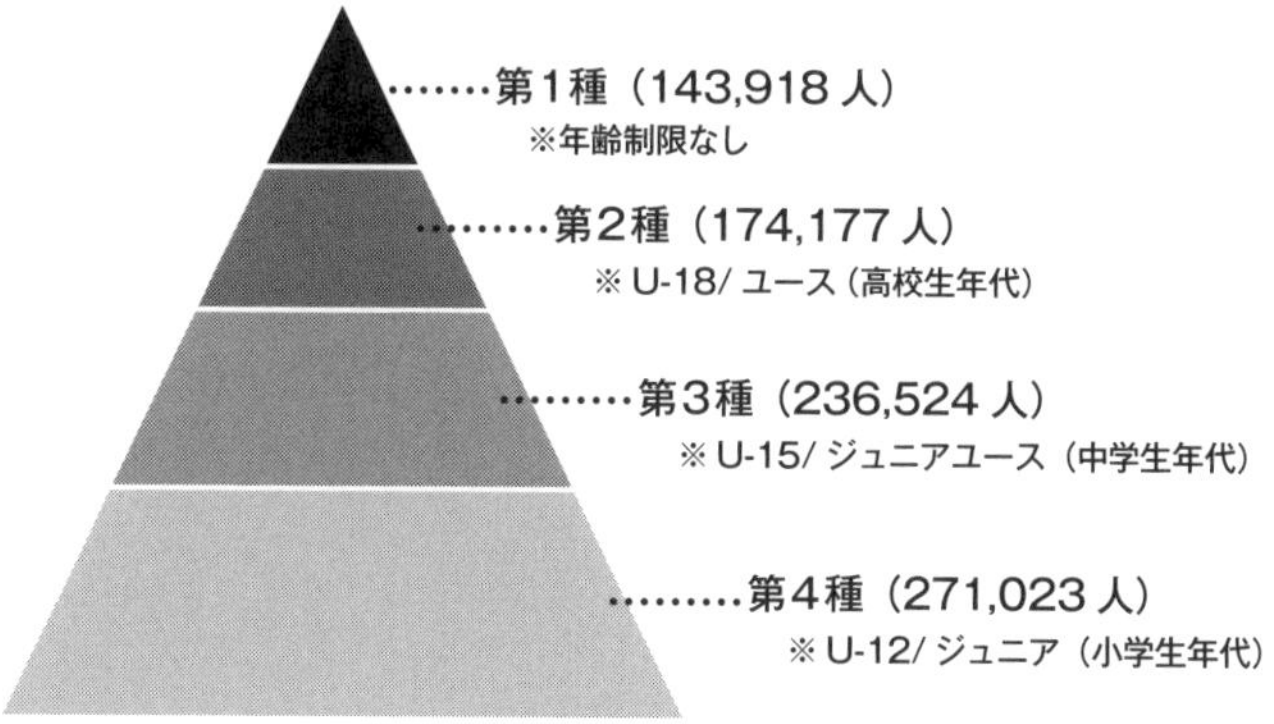

はじめに

日本が初めてＦＩＦＡワールドカップに出場したのは、今から30年以上も前の１９９８年だった。Ｊリーグが創設したときに、ちょうど高校生だった筆者は、開催国フランスの地に降り立った日本代表の勇姿に熱狂し、かつてないほどの興奮を覚えた。

当時は、日本代表に選ばれた22人のうち、ブラジル出身の呂比須ワグナーを除いた21人が、全国高等学校体育連盟（以下、高体連）出身の選手たちだった（ｐ２３４、表①）。エースナンバーである背番号「10」を付けていた名波浩と、最年少となる18歳でメンバー入りした小野伸二（ＦＣ琉球）は、ともに静岡県の清水商業高校（現・清水桜が丘高校）出身で、大会後に当時セリエＡのペルージャに移籍した中田英寿も、山梨県の韮崎高校を卒業してベルマーレ平塚（現・湘南ベルマーレ）に加入した選手だった。当たり前のように、高体連出身の選手たちが日本代表の先発を飾り、メンバーに名を連ねていた時代だった。

92年にＪリーグが創設されると、「地域密着」「百年構想」という理念の一環として、参入した各クラブは、育成組織の強化にも着手するようになった。ユースといわれる高校年代において、「高体連（高校サッカー部）」と「クラブユース（Ｊリーグのユースチームも含む）」という二軸の強化構造となり、日本特有の育成システムが生まれたのもその時期からだろう。そこから日本サッカーの育成年代を取り巻く環境は、変革と発展という試行錯誤を繰り返していく。

ただ、後発であるJクラブユースは、高体連のチームにずっと後れを取ってきた。Jリーグ発足に歩調を合わせるように90年から始まり、2010年まで続いた「高円宮杯全日本ユース（U－18）サッカー選手権大会」は、高体連のチームとクラブチームとが公式戦を戦う貴重な舞台として用意された。だが、89年のプレ大会を含めると、10年連続で高体連のチームが優勝している（p238、表⑩）。

自国開催だった02年のワールドカップに選ばれた日本代表のメンバー（p234、表②）を見ても、高体連の選手たちが中心だった。Jクラブユース出身の選手は23人中5人。1999年のFIFAワールドユース選手権（現・FIFA U－20ワールドカップ）で、準優勝したゴールデンエイジが主力となった2006年のドイツ大会（p235、表③）でも、状況に大きな変化はなかった。ジーコ監督に選ばれた23人のうち、Jクラブユース出身選手はわずか5人。まだまだ、高体連出身の選手のほうが優勢を極めていた。

そうした状況が続いていたこともあり、こんな意見が囁《ささや》かれるようにもなっていた。

「Jクラブユース出身の選手は、技術こそ高いが戦える選手は少ない」

当時の高校サッカー部、いわゆる部活は、まだまだ環境は整っていないものの、部員数はクラブユースに比べ圧倒的に多く、今以上に練習内容も厳しければ、チーム内における競争も激しかった。そのため、ジュニア（12歳未満）にあたる小学生時代からエリート街道を突き進み、Ｊリーグの育成組織で、ジュニアユース（15歳未満）、ユース（18歳未満）と階段を駆け上がってプロへと辿り着いた選手よりも、高校の部活動で切磋琢磨してきた選手のほうが、強靱なメンタルが養われていると見られる傾向があった。若いうちに挫折、悔しさ、さらには厳しさを経験してきたことで、逆境に立ち向かう姿勢や、工夫が身につくからではないだろうか。古くは横浜Ｆ・マリノスのユースに昇格できず高校サッカー（桐光学園高校）に活躍の場を求めた中村俊輔（横浜ＦＣ）、同じくガンバ大阪のユースに昇格できず星稜高校へと進学した本田圭佑（フィテッセ）、Ｊリーグの下部組織を一切経験することなく、東福岡高校から明治大学を経て世界への道を切り開いた長友佑都（ガラタサライ）らが活躍すればするほどに、そういった論調は強くなっていったようにも思える。確かに、すべてが順風満帆に進むよりも、成長過程において、挫折であり、困難に立ち向かう経験はしておいて損はないだろう。その反骨心やハングリー精神は、昨今の日本サッカー界において、特に重要視されている「デュエル（＝１対１の強さ）」や「インテンシティ（＝強度）」にも密接に関係してくるからだ。

ただ、Ｊクラブユースも、テクニックやスキルを磨くためだけの指導を行ってきたわけではない。自らもプロサッカー選手を経験してきた指導者たちの多くは、サッカーの専門的な指導知識を身につけると同時に、高体連の指導者たちが重視してきた人間教育にも着目し、選手の人間形成という部分においても指導を行うようになってきた。Ｊクラブユースを経てプロになった選手たちをインタビューすれば、「ユースでは、サッカーだけでなく、人としての部分でも大きく成長させてもらった」というコメントをしばしば聞く。

Ｊクラブユースに所属する選手の中には、高校生のうちからトップチームの練習に参加している者もいる。そこでプロの選手たちのスピードの速さやフィジカルの強さ、さらには判断力の早さなどを目の当《ま》たりにすることで、さらに成長しなければと誓うのである。実際、ジュニア、ジュニアユース、ユース、そしてプロへと昇格していく過程には、クラブチームならではの厳しい生存競争があり、そこに打ち勝つ強さやしたたかさも養われていく。さらには、ユース年代でＪリーグの公式戦を経験する選手も珍しくなくなってきているように、実力が伴っていれば、プロの舞台に立てるというのは、高体連のチームにはない特長と魅力だ。

高校の部活動が、集団生活を学び、社会で活躍できる人材を育てることを主目的としている一方で、Ｊクラブユースはトップチームに昇格できる選手の育成を目的としているため、人間教育に重きを置く必要はないのかもしれない。ただ、Ｊリーグの各クラブも、そこに携わる指導者たちも、人間性を養うことに注力することで、テクニックやスキルの向上だけでなく、厳しいプロの環境を生き抜き、さらには世界で戦える選手たちを育てようとしている。

その証拠に、ロシアで行われた18年のワールドカップにおいて、ベスト16に進出した日本代表

23人のうち、Ｊクラブユース出身の選手は10人と、半数近くにまで増えた（ｐ２３６、表⑥）。育成年代に至っては、その傾向はさらに顕著になり、19年にポーランドで開催されたＦＩＦＡ Ｕ－20ワールドカップにおいては、Ｊクラブユース出身の選手が圧倒数（21人中15人）を占めるまでになった（ｐ２３９、表⑫）。これは、Ｊリーグ各クラブの努力の賜《たまもの》であり、成果と言える。

ただ、高体連のチームも現状に甘んじているわけではない。かつて高校の部活といえば、土のグラウンドが当たり前だったが、強豪校と言われるチームは軒並み施設整備を進めている。人工芝のグラウンドやクラブハウスを完備している学校も増え、選手がプレーする環境は十数年前よりも格段に進歩している。何より、携わる指導者たちも、Ｊクラブの育成組織には負けまいと、サッカーの専門的な知識を学び、指導者としての資質を養っている。

また、かつての部活動のサッカー部では、レギュラー以外の選手たちは、試合を経験する場が少ないように思われていたが、そうした状況も改善されつつある。部員の多い強豪校ではレギュラーであるＡチーム以外にもＢチーム、Ｃチームなどが構成され、Ａチームは「プレミアリーグ」、Ｂチームは「プリンスリーグ」、あるいは都道府県リーグに参加といったように、選手のレベルに応じたリーグ戦にエントリーして、選手が最も成長する機会となる公式戦や真剣勝負の場を戦える機会を増やしている。

世界の育成事情に目を移せば、クラブチームに所属して、その下部組織でサッカーをするのが一般的である。そのため、学校とクラブというふたつの選択肢がある日本は独特と言えるだろう。ただ、日本がワールドカップに初出場してから20年が経った今、この特殊な環境は逆に日本の強みになっているのではないか。Ｊクラブが成長すれば、高体連も負けまいと対抗する。選手だけでなく、環境そのものが競争することで、わずか20年あまりで、ワールドカップ出場の常連国にまで日本は成長することができたのではないかとすら思う。

プロになるには、Ｊクラブユースで階段を上っていくことが最短距離かもしれないが、高体連のチームで成長し、プロへの扉をこじ開けるのも、育成年代の成長過程のひとつの形ともいえる。サッカーのスタイルが多様化しているように、選手たちが進むべき道も１つよりは２つ、２つよりは３つと、選択肢が広がっているほうが、そのぶんチャンスも広がる。

本書では、この世界的にもまれな育成システムを持つことになった日本サッカーの、主に２種（18歳未満）のカテゴリーに焦点を当てていく。ＪＦＡの育成担当責任者、高体連強豪校の監督、Ｊリーグの育成組織の指導者、さらには海外のビッグクラブの育成担当者らにインタビューを重ねることで、それぞれの組織の強みや問題点を探っていく。

日本サッカーの将来を担うのは「高体連サッカー部」か、それとも「Ｊクラブユース」か。その答えの先に、日本サッカーの育成年代のあるべき姿が見えてくるはずだ。

第1章

日本サッカー協会が目指す育成の姿とは?

日本サッカー協会　ユース育成ダイレクター

池内 豊

「クラブチームと高体連のチーム。このふたつの選択肢があるのは世界的に見ても特殊だと言えるかもしれません。でも、だからこそ、このふたつの仕組みがあることを日本の強みにしていかなければいけないと思います」

いけうち ゆたか／1961年8月25日、愛知県生まれ。愛知高校、豊田自動織機製作所を経て、フジタ工業サッカー部（現・湘南ベルマーレ）へ。スピードを武器にしたサイドバックとして活躍し、81年には日本サッカーリーグ（JFL）で新人王を獲得。日本代表としても国際Aマッチに8試合出場。93年に現役引退。その後は名古屋グランパスで育成年代の指導にあたる。2007年にU-15日本代表監督に就任、09年にはFIFA U-17ワールドカップで指揮を執る。現在は日本サッカー協会で技術委員、ユース育成ダイレクター、地域統括ユースダイレクター（東海担当）を務める。

高体連とクラブチームという二軸の強化体制の下、切磋琢磨する日本のユース年代

日本にプロサッカーリーグであるJリーグが創設されたのが1992年。日本が初めてFIFAワールドカップに出場したのが98年。以来、今日に至るまで日本代表は6大会連続でワールドカップの本大会に出場しているが、未だベスト16の壁は破れていない。

日本サッカー協会（以下、JFA）は「世界のトップ10入り」を掲げて、強化に取り組んでいる。JFAの技術委員会では、「世界を基準とした強化策の推進」という指標を掲げて、選手の育成を推し進めてもいる。さらに、ベスト8進出にあと一歩というところまで肉薄した18年のロシア大会を受けて、日本代表が進むべき方向性を改めて確認した。これは、世界のスタンダードを追いかけ、吸収し、学びながらも、「日本人の特長や能力」を生かして世界の舞台を勝ち抜く方法やすべを模索していくというものだ。かつて「Japan's Way」（ジャパンズウェイ）と呼ばれたこの指針は、A代表だけでなく世代別の日本代表、さらにはユース、ジュニアユース、ジュニアといったすべての年代の指導現場へと踏襲されている。

日本人らしさ――。ヨーロッパや南米の選手たちと比較すれば、日本人は体格やフィジカルでは劣るかもしれない。だが、個々の技術力、俊敏性、さらには組織として戦う勤勉性は、世界の

強豪に負けずとも劣らない武器と言える。その特長を最大限に生かして、「1＋1」を「2」ではなく、「3」にも「4」にもすることで、日本は世界と戦おうとしているのだ。

もうひとつ、日本には、日本だけの、日本にしかないものがある。

それこそが、選手の育成システムである。

ＪＦＡによると、サッカーの選手登録者数は18年度で88万９９５６人（女子、シニアプレーヤーも含む）にも上る。カテゴリー別に見れば、ジュニアにあたる第４種の競技人口が最も多く、27万１０２３人で、ジュニアユースである第３種は23万６５２４人にも及んでいる。ユース年代となる第２種でも17万４１７７人の選手が、国内のいずれかのチームに所属してサッカーに励んでいる。これまで日本のスポーツをリードしてきた野球の競技人口は、高校年代で14万３８６７人（日本高等学校野球連盟／２０１９年度）。さらにＢリーグが誕生し、人気が高まっているバスケットボールは、同じく高校年代の競技人口が男女合わせて14万３６５６人（全国高等学校体育連盟／２０１９年度）。少子化傾向にある日本において、いかにサッカー人気が根強く、競技人口が多いかが分かる。

そうした日本サッカーの現状において、第2種にあたるユース（高校生）年代は、世界的に見ても特殊な環境といえる。ヨーロッパや南米などのサッカー先進国を見れば、クラブチームでサッカーをすることが主流であり一般的だが、日本では高体連とクラブユースという二軸の育成体制になっているからだ。

　Ｊクラブユースは、主にプロになる選手を育てることを目的としている。一方で、高体連のチーム、いわゆる高校の部活動は、「学校教育の一環として、生徒たちが高い水準の技能や記録に挑戦する中で、スポーツの楽しさや喜びを味わい、学校生活に豊かさをもたらすこと」（文部科学省）を目的としている。だが、Ｊクラブユースはもちろんのこと、高体連のチームからもプロになり活躍している、優秀かつ能力の高い選手たちは数多くいる。クラブユースと高体連のチームがともに競い合い、切磋琢磨してきた日本独自の育成環境が生み出した成果と言えるだろう。

　今日に至るまでの育成年代の指導における改革と変遷には、どういった構想と狙いがあったのだろうか。ＪＦＡにおいて、ユース育成ダイレクターという立場で、選手の育成全般に携わっている池内豊に話を聞いた。

「ユース育成ダイレクターという肩書きは付いていますが、ユース年代だけでなく、育成年代全般に幅広く携わっています。ユース年代においては、世代別代表の活動があります。各世代の代表チームがどういった活動をし、どういった成果をあげ、また結果を残しているかは常に把握しています。代表チームが活動する際には団長として同行し、Ｕ－15、Ｕ－16、Ｕ－17と年齢が上がっていくごとに、指導内容であり方針を積み上げていけるように、それぞれのカテゴリーの指導者たちとコミュニケーションを常にとっています」

池内は、湘南ベルマーレの前身であるフジタ工業サッカー部で93年に現役を引退した。その後、指導者に転身すると、グラスルーツ（草の根の活動）から世代別の代表監督まで、あらゆる育成年代の指導現場に立ってきた。いわば育成のスペシャリストでもある。

「選手を引退して、指導者としてのキャリアをスタートさせたからには、まずは育成年代、子どもたちを指導するところから始めなければならないと考えたんです。そんな折、日本代表でも一緒にプレーした田中孝司（松江シティFC監督）さんに、『名古屋グランパスで育成年代の選手たちを指導してみないか』と誘ってもらったんです。そうしたきっかけもあり、グランパスのジュニアユースやユースチームの監督を務めました。そこで改めて育成年代の選手たちをしっかりと教えられる指導者になりたいと思うようになりました。なぜなら、子どもたちには無限の可能性が広がっていて、少し指導しただけでも大きく変わりますし、成長するということを実感できたからです」

名古屋グランパスでは育成年代の指導だけでなく、今はそのシステム自体が廃止されてしまったが、サテライトチーム（Jリーグの公式戦に出場できない控え選手たちによるチーム）の監督も経験している。そこでは、当時所属していたユーゴスラビア代表の〝ピクシー〟こと、ドラガン・ストイコビッチ（広州富力監督）が調整のために練習に参加することもあり、直接指導をする機会もあったという。当時はJリーグが発足して間もない時代。プロサッカー選手といえども、日本ではまだプロ意識や心構えも確立されていなかった。だが、池内は、「超が付くほどの一流選手」であるストイコビッチが、サテライトであっても一切手を抜かずに練習に臨む姿勢を目の当たりにし、なおさら子どもたちに練習に取り組む姿勢や態度、心構えを伝えていきたいと思うようになったという。

03年からＪＦＡナショナルトレセンコーチを務めるようになった池内は、07年にＵ－15日本代表監督に就任すると、08年に行われたＡＦＣ　Ｕ－16選手権で準決勝まで進出。２大会連続となるＦＩＦＡ　Ｕ－17ワールドカップの出場権を獲得した。09年にナイジェリアで開催された本大会では、柴崎岳（デポルティーボ）や宇佐美貴史（ガンバ大阪）らを率いて指揮を執った。まさに池内は、ここで育成年代における世界のトップの実力に触れ、身をもってその差も感じてもいるのである。

高体連VSＪクラブユースの公式戦が実現した、高円宮杯Ｕ－18プレミアリーグ

日本のグラスルーツから世界のトップレベルまで、幅広い現場を見ている池内は言う。

「クラブチームと高体連のチーム。このふたつの選択肢がある環境は世界的に見ても特殊だと言えるかもしれません。でも、だからこそ、このふたつの仕組みがあることを日本の強みにしていかなければいけない。そのためにＵ－18までの世代であれば、競争のレベルをさらに高くして

いく必要があると思います。トップレベルの選手たちに、さらにトップレベルでの試合をする機会を増やしていかなければならないと考えています」

少しでも、そうした環境と機会を増やそうと整備されてきたのが、1990年から始まった「高円宮杯全日本ユース（U－18）サッカー選手権大会」（p238、表⑩）であり、さらに2011年に創設された「高円宮杯JFAU－18サッカープレミアリーグ」（以下、プレミアリーグ）である。この大会には、高体連のチームだけでなく、クラブチームも参加して、シーズンを通したリーグ戦を戦っている。

ここで、ユース年代における大会事情に触れておきたい。

高体連のチームにおいては、夏に行われる「全国高等学校総合体育大会」（以下、インターハイ）と、冬に行われる「全国高等学校サッカー選手権大会」（以下、選手権）がある。高校の部活動に励むサッカー部の選手たちにとって、このふたつの大会、特に選手権は今なお大きな目標である。

一方のクラブチームにおいては、77年から続いている「日本クラブユースサッカー選手権大会（U－18）」（以下、クラブユース選手権）がそれに当てはまるだろう。他にはJリーグに加盟しているクラブのユースチームと、日本クラブユースサッカー連盟所属の地域代表クラブが参加できる「Jリーグユース選手権大会」（以下、Jユース選手権）もある。

インターハイも選手権もノックアウト方式、いわゆるトーナメントで争われる一発勝負の大会で、クラブチームの大会で言えばＪユース選手権も同様の方式で行われている。クラブユース選手権は夏に短期集中開催され、４チームによるグループステージを戦った後に、ノックアウトステージへと移行する大会方式だ。クラブユース選手権にはＪリーグに加盟していない、いわゆる〝町クラブ〟でも参加資格はある。19年の大会では、唯一、三菱養和ＳＣ（東京）が本大会へと駒を進めた。ただ、インターハイと選手権は高体連の大会で、クラブユース選手権とＪユース選手権はクラブチームの大会。両者が同じ大会で相まみえる機会はない。

これらの大会とは別に行われているのが、プレミアリーグ、プリンスリーグといったリーグ戦である。このリーグ戦は、クラブチームも高体連のチームも参加して共に戦う貴重な機会になっている。プレミアリーグは11年から「ＥＡＳＴ」「ＷＥＳＴ」と、東西それぞれ10チームずつによるリーグ戦を行っている。まさにユース年代における日本最高峰のリーグ戦である（ｐ２３７、表⑧⑨）。プレミアリーグの下には、北海道、東北、関東、北信越、東海、関西、中国、四国、九州の９地域によるプリンスリーグが設置されている。Ｊリーグに置き換えればＪ２といったところだろうか。さらにその下には、各都道府県のリーグがある。例えば、東京都であれば、１部から４部までリーグ（Ｔリーグ）があり、チームのレベルに応じたカテゴリーでリーグ戦を戦っている。また、プレミアリーグやプリンスリーグ、さらには都道府県リーグにおいても、シーズンごとに昇降格が行われている。まさに、プレミアリーグを頂点にしたピラミッドのような構図ができあがっていて、その様相は、さながらJリーグと変わらぬ厳しさがある。

大会についてさらに説明すれば、11年からは、プレミアリーグの「EAST」「WEST」で1位になったチーム同士がファイナルを戦い、日本一を決める方式になっている（p237、表⑦）。

ただ、この新しい試みに現場からは賛同だけではなく否定的な意見もあったと、池内は言う。

「私は高体連の監督とも、Jクラブユースの指導者とも話をする機会があるのですが、プレミアリーグやプリンスリーグが始まったときには、高体連の監督から『絶対にJクラブのために作ったリーグでしょう』と言われたこともありました（笑）。でも、本来の目的としては、ユース年代でより高いレベルの試合を増やすこと。毎週のようにレベルに応じた試合を経験できる機会の創出を目的としていたんですけどね」

数多くの公式戦を経験させるため、JFA主導で全国各地にリーグ戦を導入

池内が言うように、JFAがユース年代にもリーグ戦を導入した最大の理由としては、「レベルの高い公式戦の機会を数多く用意すること」にあった。ただ、意図はそれだけではない。Jリーグや海外のプロチームがそうであるように、試合によって出た課題に対してチームとして取り組み、修正して、克服するという、リーグ戦を戦う上で必要なプロセスを経験させるという狙いもあった。それこそが、選手を成長させ、考える力であり、対応力を養うことにも通じるからだ。

特に高体連の主要大会である選手権やインターハイは、トーナメント方式による大会である。そこでは過密日程や連戦を強いられ、試合毎に課題に取り組み、修正していくという作業になかなか着手できなかった。それが、毎週のようにリーグ戦が組まれるようになれば、必然的に、次の試合に向けて1週間かけて準備を行うようになる。その準備期間の中では、自分たちの課題に目を向けるだけでなく、対戦相手の特徴やスタイルに応じた対策を練る時間も得られるようになったのだ。

加えて、リーグ戦導入の背景には、サッカーの戦い方にも行き着く。トーナメント方式の大会では、延長戦やPK戦などで必ず決着をつけるため、そもそも引き分けという考え方が日本には定着していなかった。多くの選手たちはサッカーを始めた幼少期から、重要な大会となれば一発勝負の試合を戦うことがほとんどだった。だがプロのリーグ戦に目を向ければ、引き分けが存在する。勝利が3ポイント、引き分けても1ポイントを得られ、それによって積み重ねていった勝ち点により最終的な順位は決まる。結果的に、いずれかの試合で引き分けたことによって得た勝ち点1が決め手となり優勝することもあれば、それが順位に大きく影響することも多い。そもそもJリーグが創設された当初も、延長Vゴール制度が導入され、毎試合決着をつけていたという歴史もある。Jリーグに90分による引き分けという規定が導入されたのも2003年からである。

そこで重要となってくるのが、試合時間を考慮したうえでのゲームコントロールであり、戦い方だ。子どものころから、トーナメント方式で戦ってきた選手たちは、引き分けに持ち込むという戦い方に不慣れな傾向にあった。そのため育成年代からリーグ戦を導入して、引き分けの文化であり、戦い方を身につけておく必要があったのだ。

ただ、それ以上に、プレミアリーグであり、プリンスリーグを導入したことによる効果は大きかった。池内が説明してくれた。

「現在、プレミアリーグに所属している青森山田をはじめ、高体連の多くのチームが今いるカテゴリーから降格しないようにと意地を見せてくれ、リーグ戦に集中して戦ってくれたこともあって、次第にチームのレベルアップにもつながるということを実感してくれるようになったんです」

着々と力をつけていくJクラブユース勢、高体連サッカー部も巻き返しを図る

そもそも、ひと昔前まではクラブチームと高体連のチームが公式戦で対戦する機会が限られていたように、ユース年代においては高体連のチーム＝高校サッカーがメインストリームだった。そうした傾向に変化が見え始めたのは、やはりJリーグの発足が大きいだろう。1992年にJリーグが発足すると、サッカーの普及や地域密着といった理念とともに、「選手の育成」も活動

方針に加えられた。加盟するクラブはトップチームだけでなく、下部組織、いわゆる育成組織（アカデミー）を整備し、生え抜きの選手を育てることに注力するようになった。その後、Jリーグのクラブは年々増え、J3まで設立された今日では全国に55ものJクラブが誕生した。それにより、日本各地に育成年代の選手がプレーできるクラブチームの数が増えたことは言うまでもない。

Jリーグ発足という流れに歩調を合わせるように、90年には「高円宮杯全日本ユースサッカー選手権大会」（p238、表⑩）が始まり、クラブと高体連を含め、第2種に登録されているチームによるトーナメント方式の大会が開催されるようになった。当初は高体連ならば、北海道から九州まで9地域の大会で優勝したチームや、クラブであればクラブユース選手権で上位にならなければ参加できなかったことから、門戸の狭い大会という印象もあった。この全日本ユースサッカー選手権こそが、先に説明したプレミアリーグであり、プリンスリーグの前身と言える。

ただ、89年にプレ大会がスタートした同大会で、優勝を飾ったのは軒並み高体連のチームだった。正式に大会がスタートした90年に優勝したのは清水商業で、翌91年に優勝したのも徳島市立高校だった。それどころか99年にジュビロ磐田U－18が優勝するまで、クラブユースのチームは一度も日本一になることはなかったのである。そこには、Jクラブユースが高体連よりも後発の組織であるということもあった。当時はまだ、プロを目指す選手にとっては、高校の強豪チームに進学して、選手権で活躍するというのが王道であったのだ。

だが、Ｊクラブユースもそうした状況に甘んじていたわけではない。池内が言う。

「クラブチームと高体連。どちらが優れているとか劣っているとか、そういうことではなく、Ｊリーグの各クラブも育成組織を認めてもらおうと努力してきました。短期的に見てしまえば、高体連のチームに比べると、Ｊクラブユースの成果というものはまだまだ出ていないのかもしれませんが、Ｊリーグが百年構想というものを掲げているように、それぞれのクラブが長期的なビジョンを持って地域に根ざそうとしている。Ｊクラブユースの指導者も本当に熱心で、休みを返上しながら地域の活動に関わってくれていますから」

実際、Ｊクラブユースも選手育成において、年を重ねるごとに成果をあげてきている。11年から始まったプレミアリーグではＪクラブユースが台頭。18年までの8年間で、Ｊクラブユースがファイナルを制したのは6回（ｐ237、表⑦）。それだけプロを育成する環境としても、純粋にユース年代におけるチーム力としても、Ｊクラブユースが力をつけてきた証拠でもある。

逆に、高体連のチームに目を向けると、13年には流通経済大学付属柏高校（以下、流経大柏）と、16年に青森山田がファイナルを制して日本一に輝いている。プロを目指す選手の多くがＪクラブユースを選択する環境になりつつある昨今、全国のトップリーグで健闘している高体連サッカー部の努力であり、その指導者についても評価しておきたい。

日本代表のワールドカップメンバーから見る、第2種当時の所属チームの変遷

Ｊクラブユースの台頭と成長は、ＦＩＦＡワールドカップのメンバーに選ばれた歴代の日本代表選手を見ても明らかである。日本が初めてワールドカップに出場した１９９８年のフランス大会に選ばれた選手たちは、Ｊリーグが創設して間もなかったということもあり、22人中、帰化した呂比須ワグナーを除く21人すべてが、高体連でプレーをした選手だった。要するにクラブチーム出身の選手はゼロだったのである。さらに詳細を記せば、高体連から直接、プロになった選手は中田英寿や小野伸二、川口能活をはじめとする10人で、まだまだ大学を経由してプロになる選手が多い時代でもあった。自国で開催された02年の日韓大会では、ガンバ大阪ユース出身の稲本潤一（ＳＣ相模原）や宮本恒靖（ガンバ大阪監督）がメンバー入りして、Ｊクラブユース出身の選手は５人にまで増えたが、そこから３大会はその人数が伸びることはなかった。そうしたデータもあり、まだまだ高体連のほうが、日本代表まで登り詰めるようなスター選手を輩出しているイメージは強かった。この間、Ｊクラブユースの現場に立つ監督やコーチたちは、指導方法を考え、模索し続けたことだろう。高体連がテクニックやスキルを磨くだけでなく、人間教育や忍耐力の形成に力を入れているという話を聞けば、Ｊクラブユースでもそうした部分に着目する指導者も増えていった。そうした努力が結実し始めたのは、プレミアリーグやプリンスリーグで、Ｊクラブ

の育成組織がタイトルを獲得するようになったころからかもしれない。
14年のブラジル大会になると、Ｊクラブユースの出身の選手は23人中９人にまで増え、先の18年ロシア大会では、日本代表に選ばれた最終登録メンバーのうち、半数に近い10人までがＪクラブユース出身の選手になった。ちなみに、14年と18年出場の香川真司は、宮城県のＦＣみやぎバルセロナ、いわゆる〝町クラブ〟出身である。

【過去のワールドカップ　日本代表最終登録メンバーの第２種当時の所属】

●１９９８年フランス大会：高体連出身21人／その他１人（ｐ２３４、表①）
●２００２年日韓大会：高体連出身18人／Ｊクラブユース出身５人（ｐ２３４、表②）
●２００６年ドイツ大会：高体連出身18人／Ｊクラブユース出身５人（ｐ２３５、表③）
●２０１０年南アフリカ大会：高体連出身19人／Ｊクラブユース出身４人（ｐ２３５、表④）
●２０１４年ブラジル大会：高体連出身13人／Ｊクラブユース出身９人（ｐ２３６、表⑤）
●２０１８年ロシア大会：高体連出身12人／Ｊクラブユース出身10人（ｐ２３６、表⑥）

これは間違いなくＪクラブユースにおける選手育成の成果であり、結果とも言えるだろう。今では、育成年代におけるスカウト網も整備されつつあり、優秀な選手たちはユースではなく、ジュニアユースの段階からJクラブの育成組織でプレーするようになってきている。さらに下の世代に目を向ければ、小学生のうちからJクラブのアカデミーに入り、ジュニア、ジュニアユース、そしてユースと階段を駆け上がってプロになる選手も増えてきた。

その傾向は、世代別代表を見ればさらに顕著だ。19年5月にポーランドで行われたFIFA U-20ワールドカップに出場したメンバーを見れば、21人中15人がJクラブユース出身で占められていた（p239、表⑫）。19年の10月末からブラジルで開催されたFIFA U-17ワールドカップに臨んだ日本代表のメンバーはさらに顕著である。U-17日本代表に選ばれた21人のうち、Jクラブユース出身は17人（p239、表⑬）。さらに三戸舜介はJFAが運営するJFAアカデミー福島でプレーしており、クラブチームに所属している選手は18人にも及ぶ。高体連でプレーしている選手は21人中わずか3人である。それほどまでにプロになる、あるいは世代別の代表に選ばれるには、Jクラブユースが近道という結果がデータとしても示されている。

ただ、だからといって高体連のチームも諦めているわけではない。もともと、教師でもある指導者が多いことから、高体連の指導者たちにはサッカーへの知識欲が高い人物が多い。池内がそうした状況についても教えてくれた。

「もともと、プレミアリーグやプリンスリーグにしても、高体連で長く選手たちの指導をしてきた方々の構想であり、アイデアがベースになっているところがありました。フェスティバルやスーパーリーグ（有志の高校が集まり行っていたリーグ戦）がそれにあたりますよね。市立船橋の布啓一郎（ザスパクサツ群馬監督）さん、暁星高校の林義規（東京都サッカー協会会長）先生たち、さらには小野剛（FC今治監督）さんが中心となり、ユース年代の試合環境を良くしようと取り組んできてくれたことで、今があるんです。高体連の指導者の中には、高校の監督からスタートして、JFAを経由して、Jリーグの監督に就くような人たちも出てきています。ユース年代だけでなく、幅広い層を指導できるような指導者も増えてきているということですよね」

市立船橋の監督という立場から世代別の日本代表監督を務め、今ではJ3のザスパクサツ群馬の指揮官を務めている布啓一郎が、池内の言うキャリアアップの例である。その後を受け継ぐように同校のサッカー部を指導していた朝岡隆蔵も、19年にJ2のジェフ千葉U－18の監督に就任した。それだけ布も朝岡も、指導者としての実績であり功績、さらには指導力が認められたという証拠でもある。前橋育英高校の山田耕介監督や青森山田の黒田剛監督など、プロ選手たちを指導できる「JFA公認S級コーチ」の資格を有している高体連の指導者も増えてきている。

育成年代の選手たちにとって、指導者の重要性は年々高まっている

成長過程にあるユース年代の選手たちが飛躍するには、選手自身の努力もさることながら、プレー環境であり、関わる指導者が大きな要素を占めていることが分かる。だからこそ、JFAの

ユース育成ダイレクターである池内は、「選手の育成とともに大事になってくるのが指導者の養成なんです」と強調する。

ＪＦＡの技術委員会も「日本が世界の強豪と対等な力を身につけるために何をすべきか」という至上命題のもと、①「代表強化」、②「ユース年代の選手の育成」に加えて、③「指導者の養成」をポイントに挙げている。その指導者の養成にも大きく関わってくる、育成年代におけるＪＦＡの指導方針ついて池内に聞いてみた。

「世界を意識したときに、やはりテクニックは外せないですよね。今では、両足でボールを扱える技術に関しては、ＧＫであろうが、ＤＦであろうが、どのポジションであっても身につけておかなければならないと思います。ただ、そのボールを止めて蹴るという基礎的なテクニックも、何のために必要なのかを考えなければならないですよね。それは、試合を有利に進めるためであり勝つため。だから、ただテクニックを身につけるのではなく、試合で使える技術でなければならないんです。さらに年齢が上がり、プレーする環境のレベルも上がっていけば、今度はそうした技術を戦術的にも生かせるようにしなければならないんです」

個人差はあるが、ゴールデンエイジと言われる5～12歳が、最も身体能力や運動能力が発達する時期と言われている。サッカーにおいても同様で、この時期にコントロールやパスといった基礎的な技術を習得しておく必要があるという。

「基礎的な技術は子どものうちに身につけておくに越したことはないのですが、キックの精度などは、後からでも反復練習をすることによって成長することはできます。でも、それ以上に幼いうちにはコーディネーション能力を含め、いろいろなボールタッチや動きを体得した方がのちのち有利に働きますよね」

コーディネーション能力は昨今、日本のサッカー界においても注目されている能力のひとつである。その中にはバランス感覚やリズム感、さらには反応速度、空間認知といった能力も含まれている。育成年代の取材をしていく中で、指導者からこんな話を聞いたことがある。

「キャッチボールをすると、落下地点が予測できずフライが取れなかったりする」

「サッカーの技術は高いけど、走るときに全身を使えず、フォームが悪い選手がいる」

また、大学のサッカー部を見ている指導者からは、こんなコメントすら聞いたこともある。

「サッカーはうまいけど、体育の成績を聞いてみたら、決して良くない選手が多いんですよね」

サッカーはできるが、スポーツ全般に必要なコーディネーション能力に欠ける選手が多いというのだ。これはジュニアやジュニアユースだけに限った話ではなく、ユース年代にも言える事例だという。その重要性を知る池内は「世界を意識するなら、なおさら、コーディネーション能力を向上させる指導もやっておかなければならない」と話す。

なぜ、この話題に触れたかというと、まだまだ日本の指導現場ではこうしたスポーツに対する専門知識が欠けている現状がある。それはサッカーにも当てはまると池内は指摘する。

「若いうちにテクニックを身につけて、その次にチーム戦術になってしまう傾向がありますよね。だから、その間にある個人戦術やグループ戦術をとび越えてしまう。そうした現状は、今の日本においてまだまだ多いと思います」

個人戦術とは1対1の数的同数、1対2の数的不利、2対1の数的有利などの状況において、チームメイトと連動して対応する動きのことを言う。そこには連動性であり、対応力、判断力なども問われるが、チーム戦術ばかりに着目するあまり、もうひとまわり小さい単位となる個人戦術やグループ戦術に関するテクニックが乏しい、もしくは身についていない選手が日本の育成年代には多いと言われていた。その点は池内も大きくうなずいた。

「大まかにはなりますが、ジュニアでテクニックを身につけ、ジュニアユースで個人戦術を学び、ユースでチーム戦術に取り組むという流れが日本人には適していると思います。ただ、選手の成長にも個人差があるので、個々の選手に応じた指導内容というものが必要になってきます。特に12歳と13歳では、成長の個人差も大きいだけに、そこも考慮しながら指導をしていかなければならない。ただ、日本社会の仕組みとして、中学校、高校は3年間という単位があるので、そこも考慮しながら指導方法であり、カリキュラムを考えていく必要もあるんです」

ゴールデンエイジと説明したジュニア時代に、基礎的な技術、コーディネーション能力を学ぶことの重要性がようやく日本の指導現場でも当たり前になってきた。

「Jリーグができて、約25年です。『もう25年』という見方もできるかもしれませんが、ヨーロッパが100年以上もサッカーの歴史があることを考えると、日本は『まだ25年』なんです。それを考えれば、指導者の養成という分野においても流れがある。以前は、サッカー経験のない人が指導されることも多く、選手の自主性を重んじ精神的な強さを訴えていた。そうしたときには、クリエイティブな選手が誕生することもありました。でも、それは何人かですよね。一方で、埋もれてしまった才能もたくさんいたと思うんです。そこから時間が経ち、今度は指導者としての知識を学んだ人たちが子どもたちの指導をする時代になってきています。子どもたちの能力をきちんと分析し、それに対して適切な指導ができる人たちが増えてくれれば、優秀な選手をさらに多く輩出することができるようになる。ようやく日本の育成年代も、そうした段階に入ってきたのかなと」

池内が言うには、Jリーグが創設され、ワールドカップに初出場した時期を第1期とすれば、ワールドカップに連続出場できるようになったこの20年あまりは第2期になるという。そして、「世界のトップ10」を目指すこれからは、いよいよ日本サッカーも第3期に突入していく。

将来世界と互角に戦うために、育成年代で身に付けておくべきこととは？

日本サッカー界が大きく発展を遂げてきたこの30年近くで、ユース年代も、選手の育成に力を入れ、リーグ戦を導入し、指導者の養成にも力を注いできた。第3期に突入したこれからの日本サッカーにおいて、世界に追いつき、追い越すためには何が求められているのだろうか。

「レベルの高い選手たちに、よりレベルの高い試合を多く経験させることですよね」

実戦にまさる経験はないとはよく言ったものだが、サッカーにおいては、試合こそが選手を大きく成長させる。

「さらに言えば、いかに実力が拮抗した試合を多く経験させるかということが大事なんです」

そのために、近年ユース年代でもリーグ戦が整備されてきたのである。選手はチームの実力に応じて、力のあるチームと対戦できる環境が整えられてきた。だが、世代別の日本代表に選ばれるようなトップレベルの選手たちにとっては、それでもまだまだ緊迫感のある試合は足りないという。

「世代別代表の選手たちで言えば、より刺激の強い試合を年間通して、どれだけ経験させられるか。ヨーロッパでは、1対1のせめぎ合い、1センチ、2センチの攻防というものが、毎週のように行われ、年間で30試合近く経験することができる。日本ではそうした経験は、まだ年間5

試合程度しか経験させることができていない。世界と比べると、ゲーム環境という点においてはまだまだ劣っていると言えるかもしれません」

さらに、日本には学校制度による弊害が少なからず存在するという。ヨーロッパや南米とは大きく仕組みが異なるからだ。池内が世界の育成事情と日本の違いを教えてくれた。

「高体連のサッカー部はもちろんのこと、クラブユースのチームも、ユース年代では3年間は選手にプレーする環境を提供しなければならない。これはヨーロッパや南米と比べると、大きくシステムが異なります。特に南米では、例えば15歳の選手が20人ほどチームに加入したとしても、1年後にはほとんどの選手が入れ替わっているような競争がある。1年でふるいに掛けられてしまうシステムになっているんです。ただ、それで選手のキャリアが終わってしまうのではなく、選手のレベルに合った環境に移籍できる仕組みが確立されているんですよね。そうして、異なるクラブに行っても、また、そこで自分のレベルに合った指導を受けることができる。世代別の代表チームも、レベルの高いクラブでプレーしている選手たちを集めることで、各年代の代表チームを作り上げることができる。そう考えると、ヨーロッパや南米の仕組みは理に適《かな》っていますよね。日本の場合は、ジュニアユース、ユースと、3年間はクラブ側が所属選手に練習環境を提供しなければならないため、クラブにとってのリスクも大きい。まだまだ、その点では課題があると言えるかもしれません」

レベルの高い試合を国内で経験するという意味では、Ｊリーグの試合に出場することが成長への近道になるだろう。最近で言えばＦＣバルセロナの下部組織で育ち、レアル・マドリードへと加入した久保建英（マジョルカ）が、17年に16歳5カ月と22日でＪ1デビューを飾り、翌18年には17歳2カ月と20日でＪ1初得点をマークしたが、Ｊクラブユースにおいては彼のような選手をさらに増やしていくことも必要だろう。

20年に開催される東京五輪世代の選手たちが、Ａ代表として、南米の強豪と真剣勝負ができるコパ・アメリカ（19年）を戦い大きな自信と課題を手にしたように、成長過程にある選手たちは、よりレベルの高い試合を経験することで大きく伸びる。だからこそ、池内は言う。

「世界基準を念頭に置きながら、ゲーム環境を整えていくことができれば、さらに日本サッカーは大きく成長すると考えています」

第2章

高体連サッカー部強豪校の監督に聞く①

流通経済大学付属柏高校サッカー部監督

本田裕一郎

「逞《たくま》しい選手が育つという意味では、野に咲く雑草の中に、もしかしたらバラのような花が混ざっているからかもしれないですね。しかも、雑草の中に、バラが咲いたら、とても綺麗に見えるじゃないですか」

ほんだ ゆういちろう／1947年5月1日静岡県生まれ。県立静岡東高校時代にサッカーを始め、順天堂大学に進学。卒業後は千葉県市原市教育委員会を経て、市原緑高校に赴任。同校では宮澤ミシェルらを指導して県の強豪校へと育てる。その後、1986年に市立習志野高校へ赴任。95年にはインターハイで全国優勝を果たす。同校では福田健二、廣山望、玉田圭司らのプロ選手を輩出。2001年に現在の流経大柏高校に赴任。07年に、同校としては2度目の出場ながら選手権で全国優勝、08年のインターハイでは市立船橋高校と両校優勝を果たす。16年に教職を離れ、現在は同校サッカー部の監督業に専念している。

指導歴50年の名伯楽・本田裕一郎が語る高校サッカーの変遷

Ｊリーグ創設後、目まぐるしいほどの変化と進化を重ねてきた日本サッカー界だが、育成年代を見渡せば時代を牽引してきたのは間違いなく高校サッカー、いわゆる高体連であった。

昨今はＪクラブユースの隆盛が日立っているものの、ユース年代における最高峰のリーグ戦「高円宮杯　ＪＦＡ　Ｕ－18サッカープレミアリーグ」（以下、プレミアリーグ）では、多くのＪクラブユースとしのぎを削っている高体連のチームも存在する。

２０１９年のプレミアリーグでは、東地区の「ＥＡＳＴ」で10チーム中４チーム、西地区の「ＷＥＳＴ」で10チーム中２チームの高体連サッカー部が、トップリーグで健闘している。「ＥＡＳＴ」では、青森山田、福島県の尚志高校、千葉県の市立船橋、さらに千葉県からもう１校、流経大柏が、「ＷＥＳＴ」では東福岡高校、熊本県の大津高校の２校がＪクラブユースとしのぎを削っている（ｐ２３７、表⑧⑨）。

特に流経大柏は、13年にプレミアリーグ「ＥＡＳＴ」で優勝すると、「ＷＥＳＴ」で１位となったヴィッセル神戸Ｕ－18とのファイナルをも制して日本一に輝いている。ちなみに、高体連のチームが同大会で日本一になったのは、プレミアリーグが整備された11年以降で、流経大柏と青森山田の２校しかない（ｐ２３７、表⑦）。

また、高体連の大会に目を移せば、流経大柏は07年度に、第86回選手権で優勝。08年と17年には、インターハイでも優勝を飾っている（08年は市立船橋と両校優勝）。さらに選手権においては17年度、18年度と、２大会連続で決勝に進出。ともに涙を飲んでの準優勝だったが、こうした成績を見ただけでも、流経大柏は高体連という枠にとどまらず、日本のユース年代を牽引しているチームと言うことができる。

その流経大柏サッカー部の監督である本田裕一郎に、自身の指導者としての歩みを振り返ってもらいながら、ユース年代における環境の変化、さらには高体連とJクラブユースが競争している現状について語ってもらった。また、長年、ユース年代の指導者として活動し、豊富な経験を持つ本田の言葉を用いながら、高体連のチームにしかない「強み」についても考察していきたい。

そもそも、本田が流経大柏に赴任したのは01年4月から。高校生の指導者として、そのキャリアをスタートさせたのは75年にまでさかのぼる。順天堂大学でサッカーを続けていた本田は卒業後、千葉県市原市教育委員会を経て、県立校の市原緑に赴任した。今でこそ、高校サッカーにおける激戦区と言われる千葉県だが、当時は「サッカー不毛の地」（本田）だったという。市原緑は新設校だったためなおさら苦労があり、生徒たちもいわゆる「やんちゃ」な子どもが多かったと本田は振り返る。

「時代と言えば、それまでですが、生徒たちは、衝動的な傾向が強く、すぐに『カッとなる』性格の子どもたちが多かったですね。授業にならないようなこともありましたからね。そうした生徒たちにサッカーを指導するのは難しさもありました。授業でもサッカーの指導でも、とにかく工夫が必要でした」

流経大柏は、学校の敷地内に人工芝のグラウンドを完備していて、選手たちが練習する環境は整っている。だが、40年以上も昔は、それが当たり前だったように、市原緑も土のグラウンドだった。だから、まずは凸凹のグラウンドを整備するところから練習はスタートしたという。

「まさにゼロからでしたよね。サッカーにしても、コーンを置いてジグザグドリブルするような練習から始めましたから。でも、このままでは選手たちはうまくならないなと思

広大な学校敷地内にあるサッカー部専用の人工芝グラウンド。照明塔も完備しており、冬場でも練習時間に影響を及ぼすことはない。サブグラウンドもある

い、自らマイクロバスを購入して、県外へと遠征に出かけました。自分自身も指導者として勉強しなければと、当時崇拝していた静岡学園高校の井田勝通さんをはじめ、全国各地の指導者の方たちから話を聞き、見よう見まねでしたけど指導方法を取り入れましたよね」

市原緑、習志野、流経大柏で数多くのプロサッカー選手を育てる

自身の指導方針に変化があったのは、1986年に習志野に異動してからだ。

「そのときも、他の指導者の人たちの見よう見まねでしたけど、市原緑時代とは違うアプローチに挑戦しようと思った。テクニックのある選手を育てようと、練習もミニゲームばかりやらせるようになりましたよね。そのとき、(習志野で)プレーしていたのが、福田健二(名古屋グランパスなどで活躍)や廣山望(U-15/U-17日本代表コーチ)、玉田圭司(V・ファーレン長崎)といった選手たちでした」

本田は、89年に習志野を選手権出場に導くと、92年にはベスト4に進出。そして、95年にはインターハイで全国優勝を果たす。しばらくは、同様に力を伸ばしてきた市立船橋に選手権の出場権を奪われる時期もあったが、玉田が在籍していた98年には6年ぶりに選手権の切符をつかんだ。

本田は、その市立船橋と初めて練習試合を行ったときの興味深いエピソードを教えてくれた。

「布（啓一郎）がチームを指導するようになったばかりのころに練習試合をしたことがあるんですが、今までと同じことをやっていてもダメだなと思ったので、選手たちに『絶対にパスをするな』と言ったんです。『ボールを持ったら、とくかくドリブルしろ』と。パスがダメなわけではないけど、できる限りドリブルしろと。その代わり、『ドリブルする選手の後を必ず誰かがカバーするように』とも伝えたんです。そうしたら、見事に勝つことができたんですよね（笑）」

こうした戦術的なアイデアも、本田独自のアプローチのひとつだった。それは高校生であっても、常に「勝負にこだわらせる」という、指導者としての哲学が垣間見えた瞬間でもあった。

「もともと、習志野はサッカーの強豪校でもあったのですが、私が赴任したときにはそうした面影はなくなっていた。そのため、選手たちは負けても平気というか、負けることに慣れてしまっている印象がありましたね。スポーツの本質は、試合に勝つこと。でも、当時は楽しければいいという雰囲気が選手たちにあった。そこを変えてやろうという思いは強かったですね。また、その時期に井田さんから、『これからは南米だよ』と言われたこともあって、選手たちをアルゼンチンに連れて行き、本場の指導を受けさせたりもしました」

習志野を再びサッカーの強豪校へと押し上げた本田だったが、公立高校の教員には定期的に異動がある。同じ高校で教鞭を執れるのは長くても10年くらい。いくらサッカー部の土台を築いても継続していくのは困難だ。そう考えていたときに声が掛かったのが、私立である流経大柏への赴任だった。こうして本田は、01年から流経大柏で指導をすることになった。そのとき、習志野から12人の生徒を転校させ、習志野に入学予定だった新1年生3人も流経大柏に入学させて、新チームを始動させたのは有名な話だ。

赴任から2年後の03年にインターハイに初出場すると、05年には選手権の出場権を獲得。07年にはインターハイでベスト4に。また、同年には「高円宮杯　全日本ユース（U－18）サッカー選手権大会」で優勝。同年度に選手権でも初優勝を飾った。前述したように、17年度と18年度には2大会連続で選手権の決勝に進出するなど、本田がチームを率いてから一躍全国の強豪校へと成長していった。

本田が流経大柏に赴任してからプロになった選手は80人を超えている。なかには大学を経由してプロになった選手もいるが、毎年のように卒業生がプロの世界に飛び込んでいる。主な卒業生としては、林彰洋（FC東京）、大前元紀（大宮アルディージャ）、田口泰士（ジュビロ磐田）、小泉慶（鹿島アントラーズ）らの名前が挙がるだろうか。

現在、同校サッカー部は約130人もの部員が練習に励んでいる。そのうち、90人近い生徒が自宅を離れ、学校の近くで寮生活をしている。選手は、北海道から沖縄まで全国各地から集まっており、寮監として本田と、コーチ1名が常駐して選手たちの面倒を見ているという。

サッカーの本質は「勝負に勝つこと」。これは指導する上での大前提の考え方

市原緑、習志野、流経大柏と、指導したサッカー部を強豪へと押し上げた本田に、選手たちへのアプローチの仕方を聞いた。

「今は、選手たちにまずは語りかけていますね。『今度の試合は絶対に勝ちたいよな、勝てるチームだよな』と。そのうえで、『試合をする前から負けると思って戦う選手はいるか?』と聞く。そうすると、誰も手を挙げない。そこで私は『じゃあ、次の試合は勝てるよね。オレも勝てると思っているから、そのために1週間練習しよう』と言うんです。そして、『結果が出なかったときには、監督からプレゼントがあるからね』とも伝えるんです（笑）」

そのプレゼントとは何か。結果が出なければ、選手たちにさらに厳しいトレーニングを課すという。それは10本のダッシュだったり、長距離走だったりするそうだが、まさに言葉の変換、逆転の発想である。「罰走」と言ってしまえばイメージはマイナスだが、「プレゼント」と言えば、選手たちにとってはプラスになることにも思える。本田が、そうやって言葉や指導を工夫しながら、選手たちと向き合うのは、サッカーの本質を伝えたいからだ。

「サッカーというか、スポーツの本質はどこにあるのか。それは『勝ち負け』ですよね。サッカーにおいては、これは普遍だと思うんですよね。ただ、特に高体連のチームにおいては、教育とい

う部分が前面に言われるようになってきている。でも、高体連のチームだけでなく、Ｊリーグのアカデミーも近年、人間教育には力を入れている。だから、高校の部活動が教育であることは大前提なんです。一方で、教育だと言うならば、試合に勝たなくてもいいのか、負けてもいいのか。それは違うと思うんです。サッカーは勝ち負けを競うスポーツ。だからこそ、まずは試合に勝たなければいけない」

指導という言葉で表現されるように、高校のサッカー部であってもＪクラブユースであっても、そこにはどちらも教育という要素は存在する。Ｊクラブユースの場合、指導する内容は、人間性の部分やサッカーチームという団体の中での協調性、はたまた組織の中で個性をいかに発揮するかというところになるだろうか。一方で、本田がサッカーに関して教えること、伝えることとは何なのか。それは本質である「試合に勝つこと」であり、「勝負にこだわる」姿勢ということになる。

「だから、私は思うんです。試合に勝ったからといって、大会に優勝したからといって、選手たちには特にご褒美というものは何もない。あったとしても賞状が1枚だったり、トロフィーやメダルがもらえるくらい。さらに言えば、指導者には何もない。でも、それ以上に大事なのは選手たちが得る自信なんです。選手権で優勝したならば、全国４０００校あまりの頂点に立ったという自信。それは富士山に登るのと似ているのかもしれません。苦労して、苦労して、ようやく頂上まで辿り着いて、やっと朝陽が拝めるんです。でも、その後には下山しなければならないように、すぐに次のことが待っている。サッカーもそれと一緒なんですよね。頂点に立ったからといって、そこで終わりではないんです」

優勝したという事実が、大事なのではなく、そこに到達できた過程が大事なのである。本田の言葉は、さらに続く。

「『領域またぎ』という言葉がありますが、サッカーで学んだことを違う分野でも生かせるようになる。学生に置き換えれば就職して社会人になったときとかですかね。結果的に試合に勝てずに負けたとしても、1位を、日本一を目指したことは今後の人生に確実に生きる。あれだけ頑張ったんだから、次こそそ

グラウンド脇にあるプレハブ2階建ての部室には、これまで同校サッカー部が獲得したトロフィーや賞状がずらり。すべて本田が赴任した01年以降のものだ

の経験を生かそうと思えるようになる。そうやって自信を得ることで、ちょっとずつ自分の視野は広がっていく。それはサッカーだけでなく、いろいろな部分において当てはまるようになるんですよね」

ちなみに、本田のいう「領域またぎ」とは、教育学者の齋藤孝が提唱している考え方で、自分とは異なる分野で活躍する人のコツをつかむことで、自身も成長していくという考え。このように本田はインタビュー中に随所で自らがこれまで読んできた本を引用しながら、分かりやすく説明をしてくれた。

話を戻そう。高校サッカー出身の選手たちはJクラブユースの選手に比べメンタルが強く、逆境に立ち向かう精神力があると言う人も多いが、その秘密は、本田の言う「勝ちにこだわってきた過程」にあるのかもしれない。また、その道筋を歩ませるために監督やコーチといった指導者はいるのだろう。次の言葉に、高体連のチームの強さを感じた。

「だからこそ、簡単に指導者が負けを受け入れてしまってはダメなんです。『試合に負けた』『仕方がない』ではなく、『こんちくしょう』がなければいけない。次こそはという思いや気持ちがなければいけない。だから、負けたときには『監督からのプレゼント』があるんですけどね(笑)。指導者が悔しくなければ、選手たちも絶対に悔しくないはずなんです」

サッカーの本質は、「勝つこと」である。それを選手たちに理解させるには、指導者である自分が誰よりも悔しがらなければならない。また、自分自身が心底、勝ち負けにこだわるからこそ、選手たちも勝利を追求するようになる。それこそが高体連のチームの強さであり、流経大柏が長年にわたり結果を残し続けてきた理由でもある。

Jクラブユースに技術で対抗するのは難しい。そこで重要になるのがメンタル

2001年から流経大柏のサッカー部監督に就任した本田だが、それから今日に至るまで、日本のユース年代をとりまく環境は大きな変化を遂げてきた。今ではプロになるには、Jリーグのアカデミーに所属することがもっとも近道であり、昨今ではスカウト網も発達してきていることもあって、早ければ小学生のときに声を掛けられ、Jリーグの育成組織に所属する選手も多い。

要するに優秀な選手たちは、早い段階でJリーグのアカデミーに在籍している。そのため、能力の高い選手は、ジュニアからジュニアユース、ジュニアユースからユースへと内部昇格していく。そこに漏れた選手、ユースチームに昇格できなかった選手たちが高体連の強豪校へ入部する傾向が近年高まっている。その状況について、本田はどのように考えているのだろうか。

「昔の話をすれば、各地域や各都道府県のトレセンに選ばれていた選手が何人、その高校に加入したかで、その学校の強さが分かる時期もありました。それだけ、かつては優秀な選手たちが、高体連のチームでプレーしていたんです。でも、今は、トレセンに選ばれるような選手たちは、

みんなJリーグのアカデミーに進むような状況になりました」

将来有望と言われるジュニアユースの選手、中学生たちが、こぞってJクラブユースに進む傾向にあることは、本田も認める。

「指導者としては、それでもJクラブユースには負けたくないと思うから、やはり違った工夫やいろいろな対策を練るようになる。高体連の先生たちの中には、『Jには絶対に負けたくない』と思っている人がたくさんいますから。極端なことを言えば、Jリーグのアカデミーに進むような選手たちよりも、技術や能力が劣っている選手たちでチームを作っていかなければならない。そこで、メンタルなんです。16～18歳の選手たちが、急激に技術が向上することはありませんから、技術で勝負するのは難しい。一方で、メンタルは急激に変えることもできれば、逞しくすることもできる」

この年代特有のメンタル面の成長に関して、本田は長年の指導経験をもとにさらに付け加える。

「メンタルの成長は年齢とのタイミングが大事になります。例えば『履物をそろえる』という行為を3歳の子どもに教えることはさほど難しくはありません。ですが、18歳の人間に教えるのは難しい。一時的にそろえさせることは可能ですが、身につくところまでは指導するのは至難の業《わざ》です。これは基本的なしつけを教えるのに適した年齢的なタイミングがあるからです」

それをサッカーに置き換えれば、選手たちのメンタル面における分岐点はユース年代だと、本田は断言する。

「ジュニアユースの年代は『サッカーが楽しい』『サッカーが大好き』でいいんです。でもユース年代で一番重要なのはメンタルだと思っています。この年代ではメンタルの強い、弱いがはっきりと出ます。『メンタルが強い＝負けん気』とまでは言いませんが、その『負けん気』だけをとっても、その子が育ってきたサッカー環境や家庭環境がはっきり出る年代なんです」

さらに、ユース年代はメンタル面を成長させる最後のチャンスだとも言う。

「18歳以上になると、骨格や体の柔軟性が失われるのと同様に、メンタル面でも柔軟な思考が失われていくように思えるんです。ちょっと感覚的な捉え方かもしれませんがね」

そのために、働きかけるのがチーム内における競争であり、それが勝利への執着心にもつながっていく。約130人の選手を抱える流経大柏では、プレミアリーグに出場するAチームのほかに、千葉県リーグの1部にBチーム、2部にCチームが登録している。それとは別に1年生を主体にしたU－16の大会にもエントリーしている。毎週のようにメンバーは入れ替わり、本田も「結果が出せなければ、すぐに選手を入れ替えます。選手たちは昇格する喜びも感じれば、降格する悔しさも感じなければならない」と話す。

「例えば、選手たちに、『将来は何になりたいの？』と聞くと、『プロになりたい』と答えたとしますよね。そうしたとき、『だったら、お互いに夢を叶えよう』と、私は言う。そのうえで『じゃあ、プロになるためには、何をしなければいけない？』と聞き返すんです。『ここには130人もの選手がいる。その全員がプロになることは間違いなくないよね』と。先輩たちを見ても、毎年プロになっているのは多くても2〜3人で、少なければゼロの学年もある。でも、1人、もしくは2人はプロになっているように、その可能性はゼロではない。ここには、プロになれる環境があるということを認識させることが重要なんです」

そのうえで重要なのがチーム内での競争だという。そしてピッチ内においては、その競争がフラットで公平であることを常に意識させてもいるという。それは同級生との競争、上級生や下級生との競争においても同様だ。

「日本には、年功序列というヒエラルキーがありますよね。先輩に対しては、『さん』付けで呼ぶ。クラブユースだと最近は先輩を『くん』付けで呼ぶ傾向があるみたいですが。学校生活においては、特にこの上下関係というものがなかなか消えない。これは、ことスポーツにおいては負の習慣でもあると思うんですよね。だから、私は上級生だからといって、後輩に対して威張ってはいけないと言う。上級生だからこそ、嫌がる仕事を率先してやるくらいじゃなければいけない。だからこそ、ピッチ内では先輩であろうと後輩であろうと、『さん』付けや『くん』付けをさせていない。そんなところでも、競争意識を持たせたり、働きかけたりすることはできるんです」

学校教育の一環という部分もあるから、「『オン・ザ・ピッチ』と『オフ・ザ・ピッチ』では区別するように」とも諭しているというが、サッカーにおいては、先輩だから試合に出られるわけでもなければ、後輩だから試合に出られないわけではない。あくまで、そこは実力主義だ。些細なこと、ちょっとしたことと言えばそれまでだが、細部にこだわるからこそ競争意識は生まれるのである。

勝ちにこだわる意識を、選手やスタッフと共有することが大事

また、本田は、試合に勝つことを強く意識させる働きかけもしている。繰り返しになるが、本田は「ただ楽しければいい」「負けても仕方がない」という指導は、市原緑でも、習志野でもしていない。あくまで目指すのは、サッカーの本質である「勝負にこだわる」姿勢である。だから、仲良しクラブを作るつもりもない。そのため、選手たちにはこんな提案もするという。

「シーズンが始動したばかりのころには、キャプテンに試合に出場するメンバーを選ぶように言ったり、センターバックの選手にメンバーを選べと伝えたりするんです。そうすると、最初のころは自分の仲の良い選手だけを選んだり、気に入った選手を選ぶんですよね。センターバックならばディフェンスが中心のチーム構成になったりもする。でも、それだと当然ですけど試合には勝てないし、結果も出ないですよね。そうすると、次に指名されたときは子どもなりに一生懸

命考えて、ひたすら勝てるメンバーを選ぶわけですよ」

公式戦になれば最終的に監督がメンバーを決めるというが、選手だけでなくときにはコーチにも同じ提案をするという。ここでの真の目的は選手自身に考えさせるということであり、勝つために最善を尽くすという意識の共有である。試合に勝つためには、仲の良い選手を集めただけでは機能しない。そこで、選手の組み合わせや戦い方をも考えるようになるのだという。

「これはきっと、社会に出て、企業で働くようになってからも一緒だと思うんですよね。自分が人を選べる立場になったときに、気の合う人間だけを選んだことで、チームワークのある組織になる可能性もありますよね。ただ、それには結果を残さなければいけない」

本田は「領域またぎ」という表現をしたが、社会人になっても生かせる経験を積むことができるのも、高体連のチームの魅力であり強みと言えるだろう。

「Jリーグのアカデミー出身の選手たちは確かに優秀ですけど、大事に大事に育てられすぎてしまっている気もしますよね。それによって、戦えない選手になってしまっているのではないか。私は最終的には、ここに行き着くんだと思うんですよね」

そう言うと本田は、自分の胸を2度、強く叩いた。

「サッカーの本質は技術ではなく能力でもなく、最終的には戦いだと思うんです。世界のサッカーを見れば分かるように、そこには生活を懸けた、もしくは生きるか死ぬかの戦いがある。ときに、技術の高い選手に逞しい選手が勝つように、最後は気迫のある選手が勝利する。何より、そうした気迫のある選手の中にはテクニックを備えている選手もいれば、テクニックは欠けているかもしれないけど気迫で埋められる選手もいる。そこが隠れてしまっている生徒もいるので、私はそこをくすぐってあげたいんですよね。日本の強味でもある『鍛える文化』はどこへ行ってしまったのでしょうか」

昨今、Ｊクラブユースに昇格できる状況にありながら、あえて高体連のチームへの進学を選択するケースもある。ベガルタ仙台のジュニアユースから青森山田へと進学した郷家友太（ヴィッセル神戸）や、横浜Ｆ・マリノスのジュニアユースから桐光学園に進学した西川潤（セレッソ大阪内定）がそうだろう。彼らは、若くして自分に足りない部分を見極めそこを克服、もしくは養おうと高体連のチームを選択した。２人とも高体連からプロへの道を切り開いたように、メンタルの強さを養おうとする土壌が高体連のチームにはある。

Ｊクラブユースに劣っている部分を、むしろ〝ストロング・ポイント〟にする

本田も認めるように、技術が高い選手であればあるほどＪクラブユースに進む傾向は強い。Ｊクラブユースがプロになれる選手を育成することを目的としているだけに、目標に直結しているのならば、そちらを選択する選手が多くなるのは当然だろう。

そうした時代の流れに抗っているようにも見える高体連のチームを率いる本田に、指導する上での魅力を聞いた。

「逞しい選手が育つという意味では、野に咲く雑草の中に、もしかしたらバラのような花が混ざっているからかもしれないですね。しかも、雑草の中にバラが咲いたらとても綺麗に見えるじゃないですか。この例えが良いか悪いかは別として、そのバラは雑草が育つような土壌でも咲き誇ることができているわけです。温室で育ったものではなく道ばたや土手のようなところで咲くから外敵に邪魔される可能性もあれば、雨風にさらされる可能性もありますよね。一方、良い環境で育ったバラは、外に出れば弱いかもしれないし、すぐに枯れてしまうかもしれない」

そうした逆境を乗り越えて、もまれ、もがこうとしているから、高体連のチームはメンタルも強くなるという一面は少なからずある。

「クラブと高校の違いを言えば、そのもまれ方の違いはあるかもしれません。Jクラブユースでは、サッカーでしかもまれない。でも、高校の部活動では学校内での人間関係がどうしてもそのまま持ち込まれてくる。これは良いところも悪いところもありますけど、その環境の中で選手たちは競争し抗っていかなければならない。だからこそ、逞しく育つことができると思うんですよね。ただ、私は弱さも〝ストロング・ポイント〟だと思うんです。うまい選手が11人揃わないということは欠点なのかもしれないですが、技術が欠けていたらサッカーができないかといったら全くそんなことはない。できる方法を考えればいいわけですからね」

だからこそサッカーの戦い方へとつながっていく。流経大柏は、近年ハイプレスにより高い位置でボールを奪うと、ショートカウンターから得点を奪うサッカーを確立させている。本田曰く、それも「ここ2～3年のこと」だというが、チームが勝つために、チームを勝たせるためにそうした戦いを選択してもいる。

「本来ならば相手をあざ笑うようなサッカーがしたいんです。だから、もしJクラブユースでプレーしているような技術の高い選手が集まれば全く違うサッカーをやると思いますよ」

そういって本田は思いっきり笑った。

「自分たちのチームでもできる方法を考えた。そうすると、Jクラブユースはボールを保持して、パスをつなぎながらゴールに迫ろうとしてくるので、その時間を与えないようにしようと。相手は丁寧に丁寧につないで崩そうとしてくるけれども、我々にはそれは関係ない。ならば、前からボールを奪ってその狙いを壊してしまおうと」

相手によって戦い方を変えるのはサッカーにおいての定石である。自分たちの強み、いわゆるスタイルを構築していくこともまた、勝利の方程式である。本田は世界のサッカーになぞらえて説明してくれた。

「歴史を振り返れば、イタリアもそうですよね。ちょっと雑な表現になりますけど、相手に攻められて守る時間が長かったから守備的な戦い方を選択するようになり、『カテナチオ』という戦術が生まれた。ドイツだってそうですよね。ブラジルやアルゼンチン、もしくはスペインといったテクニックのあるチームに勝つためにはどうすればいいかと考えて、戦術であり戦い方を構築していった」

育成年代で最も重要なのは指導者。これは高体連やJクラブユースでも同じこと

だからこそ、「指導者が重要になってくる」と本田は力説する。それは、高体連だけではなく、Jリーグのアカデミーを含め、日本サッカー界全体に言えるテーマでもある。

「Jクラブユースの選手たちがダメというわけでもなければ、高体連の選手たちがダメというわけでもないんです。その選手が持っている特長があるならばそれをどう生かしていくか。世界の指導方法を模倣することで、日本はここまで成長することができた。でも、ここから先も世界の真似をしているだけで果たしていいのだろうか。ゆくゆくは日本として、どう選手を育成していくのかを考えていかなければならないと思うんですよね。例えばドイツでは、何十億、何百億という資金を投じて育成の施設に投資をしている。先日、ドイツに行ったときには360億円もの巨額を費やしたトレーニング施設ができていました。しかも、それは育成年代専用の施設ですよ。同じことが日本でできるか？　おそらく難しいですよね。そうした中で、日本は世界と争っ

ていかなければならない。だからこそ、環境も文化も違う日本は、世界の真似をし続けることができるのだろうか。また、真似をしていくだけでいいのだろうかとも思うんです」

本田自身もそうであったように、高体連のチームでは、教師がサッカー部の監督を務めるケースは多い。そのため、高体連の監督は、サッカーの指導者としてはスペシャリストではないという見方をされる場合もある。だが、本田自身も日々勉強を重ねてきたように、高体連のチームを指導する若い監督やコーチの中には、勉強熱心で育成のトレンドを把握している人物も多い。近年、Jリーガーを多数輩出している興国高校（大阪）の内野智章や、昌平高校（埼玉）の藤島崇之らもそのひとりだろう。ちなみに藤島は習志野時代の本田の教え子でもある。

72歳（取材時）を迎えた本田は、いまだに学ぼうとする姿勢が衰えることはない。これまでブラジルやアルゼンチンといった南米にも渡航してサッカーを学べば、近年は毎年のようにドイツに足を運び、トップチームの練習や育成年代の最新事情を視察している。

「習志野時代に、アルゼンチン遠征に行ったときには、『サリーダ』という言葉を初めて聞いたんです。戦術の土台作り。言ってしまえば、ポゼッションサッカーの原点ですよね。GKからサイドバックにパスをつないで崩していく戦術の型のようなものを教わったんです」

「サリーダ」とはスペイン語で「出口」を意味し、「サリーダ・デ・バロン」という表現で、「ボールの出口」となり、ゴールキーパーからボールを繋ぎながらビルドアップしていくという戦術になる。本田が習志野を指導したのは1986年からだから、今から30年以上も前のことである。あのジョゼップ・グアルディオラ（マンチェスター・シティ監督）が、バルセロナでポゼッションサッカーを極めるよりも遥か昔のことである。

「今でこそ、そうした戦術は当たり前になりつつありますけど、当時、見よう見まねで実践してみたら選手がパニックになりましたよね（笑）。でも、トライし続けていたら、ある段階まではうまく行くようになった。アルゼンチンで『サリーダ』という戦術に触れ、そこでテクニックと試合の重要性に気づいたこともあって、習志野時代はミニゲームばかりやっていたんです。とにかくテクニックを磨かせようと思って」

そう言って本田は少し懐かしそうにすると、ドイツでの話も聞かせてくれた。

「ドイツではRBライプツィヒの練習を見に行きました。当時はまだブンデスリーガの2部でしたが、世界的な飲料メーカーのレッドブルがオーナーになり、急速に強くなっているチームという話を聞いたんです。その後、すぐに1部に昇格しましたからね。実際に試合を見たときも、ラルフ・ラングニック監督（当時）の下、素晴らしい戦術により素晴らしいサッカーをしていた。その中でスーパーな選手は誰かいるかと言われたら、名前すら出てこないほど、個の能力の高い選手はいませんでした。そのとき、『これだな』って思ったんですよね。高い位置でボールを奪って、素早く攻めるサッカー。もうビールを飲んでいる暇もないくらい（笑）、RBライプツィヒの攻撃が速かったんですよね。このサッカーならばうちの環境でも、うちに来る選手たちでもできるのではないかと考えたんです」

それが現在、流経大柏が掲げるハイプレスによる、ショートカウンターという戦い方の原点になった。

この話からも分かるように、本田を筆頭に、高体連の指導者たちも日々研鑽を重ねている。むしろ、Jクラブユースで指導に当たっている監督やコーチの多くとは違い、プロサッカー選手ではなかったという背景もあるからか、より勉強熱心という印象は強い。それだけに、一概に、Jクラブユースの指導者はスペシャリストで、教師と二足の草鞋《わらじ》を履いている高体連の指導者は、そうではないとは決して言い切れない。そして、何より、本田のように、世界のサッカーのトレンドを自分たちのスタイルへと昇華させられる指導力も備えているのである。

プレミアリーグを戦っていく上で、対戦相手のスカウティングは重要

RBライプツィヒを参考にした流経大柏の戦い方は、プレミアリーグでも生かされている。それは、2011年より本格的にリーグ戦が整備されたことによる効果と言えるだろう。

本田が指導する流経大柏はもちろん、プレミアリーグ、プリンスリーグ、さらには都道府県リーグとそれぞれのカテゴリーでリーグ戦を戦う各チームは、高体連のチームであってもJクラ

ブユースであっても、大会期間中は毎週末に公式戦を戦うようになった。それまでは高体連のチームは、インターハイや選手権の予選が始まるまでは公式戦には縁もなく、練習試合を通してチームを構築していくしかすべがなかった。だが、練習試合と公式戦では、選手たちが感じる緊張感や緊迫感も違う。また、リーグ戦が整備されたことで、各チームともに、週末の試合に向けて、その週のトレーニングを行うようにもなった。本田は言う。

「試合に向けた練習の過程は、今やそれほどプロと変わらないと思いますよ」

リーグ戦を行うことによる効果としては、「試合(公式戦)→課題の露呈→課題の修正→課題の克服(公式戦)」にある。あと、もうひとつ大きな要素と言えば、対戦相手に

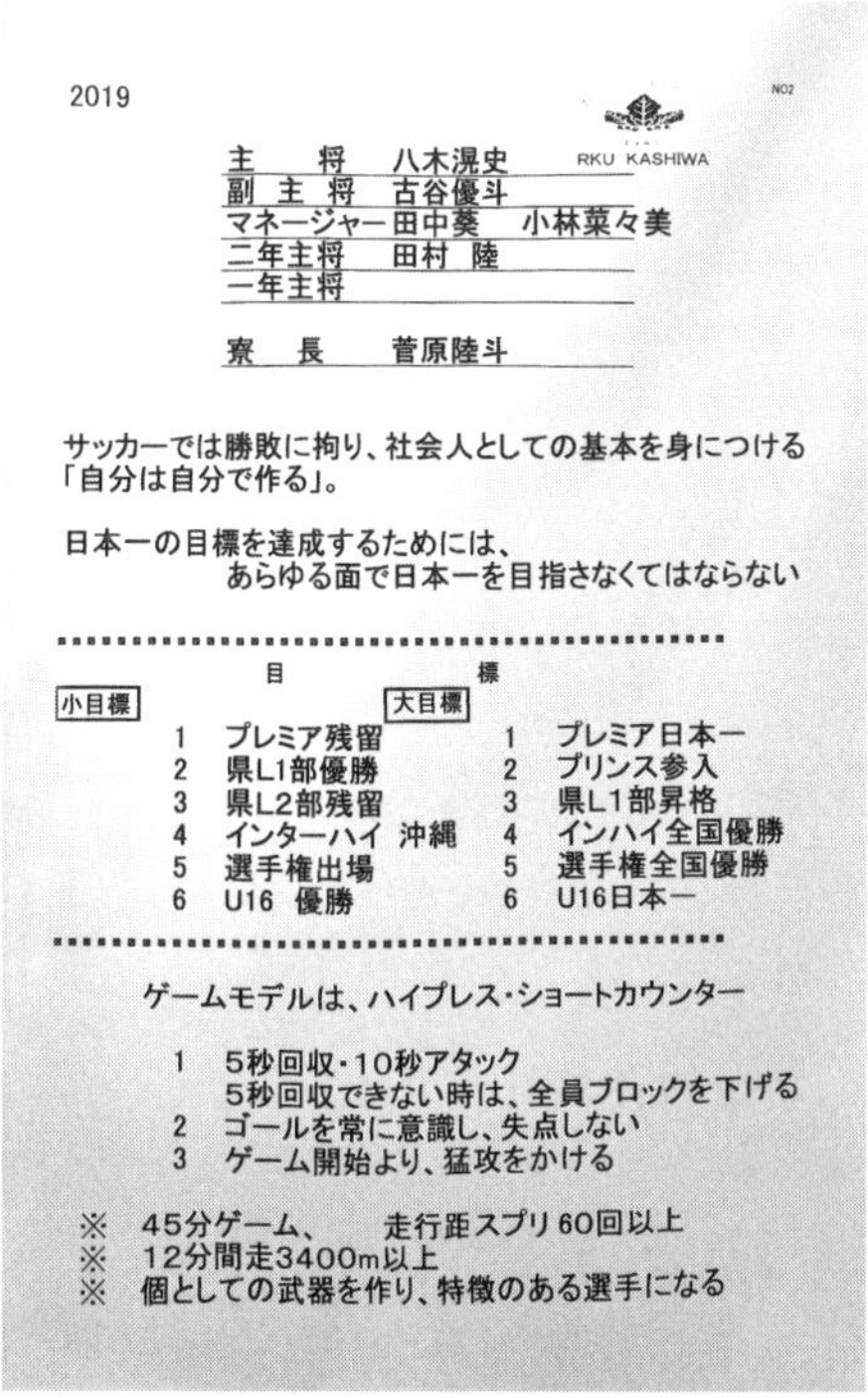
2019　　NO2

RKU KASHIWA

主　将　八木滉史
副 主 将　古谷優斗
マネージャー 田中葵　小林菜々美
二年主将　田村 陸
一年主将

寮　長　菅原陸斗

サッカーでは勝敗に拘り、社会人としての基本を身につける
「自分は自分で作る」。

日本一の目標を達成するためには、
あらゆる面で日本一を目指さなくてはならない

目　標

小目標		大目標	
1	プレミア残留	1	プレミア日本一
2	県L1部優勝	2	プリンス参入
3	県L2部残留	3	県L1部昇格
4	インターハイ 沖縄	4	インハイ全国優勝
5	選手権出場	5	選手権全国優勝
6	U16 優勝	6	U16日本一

ゲームモデルは、ハイプレス・ショートカウンター

1　5秒回収・10秒アタック
　　5秒回収できない時は、全員ブロックを下げる
2　ゴールを常に意識し、失点しない
3　ゲーム開始より、猛攻をかける

※　45分ゲーム、　走行距スプリ60回以上
※　12分間走3400m以上
※　個としての武器を作り、特徴のある選手になる

部室の壁に張られた、チームとしての目標を示したレジュメ。かなり具体的な内容になっている

応じた対策や戦い方を練ることもできれば、選択もできるということだろう。

「ここ数年、私としてはRBライプツィヒをイメージしながら、それを体現するにはどうすればいいかを考えながらやっている。でも、『A』というチームを相手にしたら、例えば思い切り守備的に戦われて、チームモデルが実現できなかった。一方で『B』というチームに対しては、意図していた戦い方ができたとする。そうなると今度は『C』というチームと対戦するときには、『A』に近いから守備をするラインを低く設定してみよう、『D』というチームは『B』に近いからさらに前掛かりになってプレスを掛けてみようという戦い方ができるようになる」

まさに試合によって得た「課題」や「収穫」によって、戦い方を「修正」していく、もしくは「克服」していく姿が体現されていた。

そのためには相手チームのスカウティングも欠かせないという。

「今は見たいと思えば、対戦相手の試合がすぐに映像で見られるような時代になりましたからね。そういう情報を把握したうえで、日々の練習がある。それと同時にチームコンセプト、ゲームモデルというものも練習に落とし込んでいかなければならない。その理想とするモデルに近づくために今日の練習や今日のランニング、今日のダッシュもあるんです。だから練習内容はもちろん、ウオーミングアップの方法にいたるまで毎日のように変える。これは、正直、監督もコーチも大変ですよね（笑）」

流経大柏ではGPS端末をウェアに装着して選手の運動量を把握しているように、スカウティングも含めて、プロのクラブが行っていることと取り組みはそれほど変わらない。本田自身も常にアンテナを張り、新しいものがよければ積極的にチームに取り入れていく。

プレミアリーグが創設されたときには「Jクラブユースのための大会」と非難する高体連の指導者もいたというが、時間があればヨーロッパに飛び、世界のトレンドを学ぼうとする本田自身も、リーグ戦の重要性と効果は肌身をもって感じているのだ。

ヨーロッパの模倣だけではだめ。日本に合った『ジャパン・ウェイ』の構築が必要

「世界の強豪と言われるチームが視察に来るような育成になっていくと思いますよ」

日本の育成事情について、本田に聞けば、そう答える。ただし、本田が言うのは、主にジュニア世代における指導についてである。

「ヨーロッパの指導者と話したとき、どうやって子どもたちを指導しているのか聞かれることがあるんです。ジュニアの段階では、ヨーロッパの指導者から見ても、日本の子どもたちはみんなうまいという。どういう指導内容、指導時間になっているのか聞かれるくらいなんです」

差が出てくるのは、ここから先の指導であり、成長ということになる。また、本田がサッカーの本質として突き詰めている「勝ちにこだわる姿勢」においても、それは影響していると持論を

展開する。

「技術的な部分は昔よりも遥かに向上していると思います。その一方で、負けることに慣れてしまっている子どもも多いような気もするんです。試合に負けても、平然としていたり、すぐ『ご飯を食べに行こう』、もしくは『ゲームをしよう』と切り替えてしまう。だから、私としては、試合に負けて悔しくて泣くような選手がたくさん出てきてほしいなという思いはあります」

サッカーの本場と言われるヨーロッパに目を移せば、学校でスポーツ、ましてやサッカーをするという文化はなく、育成年代においてもクラブチームが活動の中心となる。この点もヨーロッパと日本の育成システムの違いと言えるだろう。ヨーロッパのクラブでは、年齢によって、さらに細かくカテゴリーが分かれており、選手たちが頻繁にふるいに掛けられる状況が存在する。そのため、日々の練習や試合において緊張感も漂っていれば、それが逞しさを養わせる要因にもなっていると、本田は言う。

「そこには文化の違いもありますよね。ヨーロッパの子どもたちは、幼いときから、ひとり部屋を与えられて、ひとりでベッドで寝ているように、早い段階から自立心が芽生えていると言います。だから指導者がいくら勉強して、ヨーロッパの育成方法を模倣しても、どこかで限界は来るんです。それだけにラグビー日本代表の監督だったエディー・ジョーンズが言った言葉じゃないですけど、『ジャパン・ウェイ』、日本独自のものを作り上げていかねばならないと思うんです」

インターハイ、選手権の過密日程は育成年代にとってダメージが大きい

故に、本田はユース年代における日本の育成システムのすべてが、現状のままでいいとは決して思ってはいない。夏に開催されるインターハイについて、「それほど重要視していない」と語るように、高体連のチームにとって一大イベントとされる選手権の在り方についても警鐘を鳴らしている。

「個人的には選手権の日程は見直す必要があると思っています。ただ、この大会には100年の歴史がありますからね。大会自体の注目度も高いし盛り上がるから、選手たちもそれだけ一生懸命になる。でも、トーナメント方式の大会だからせっかくの思いで予選を勝ち抜いて全国大会に出場しても、12月30日の開会式に出て翌31日の1回戦で敗退したら、すぐに帰らなければいけないですよね。それは1月2日の2回戦も一緒。年越しして翌日には負けて帰らなければならないというのは、選手たちにとっては切ないですよね。だから、せめて数試合は経験できるようにしたらいいのではないかと思うんですよね」

高体連のみが参加する大会でいえば、まず夏に開催されるインターハイがある。これは、勝ち進めば進むほど、猛暑という劣悪な環境の中で、選手たちが連日試合をしなければならない。また気温や選手の体力面を考慮し、キックオフ時間を早めたり、試合時間を前後半各35分に短縮し

たり、選手交代を1試合5人まで可能にしたりと試行錯誤はしている。だが、1チームの登録が17人という少数で、決勝まで勝ち進めば最大6試合を強いられることになる。2019年大会（沖縄）を見ても、3回戦を終えてようやく、わずか1日のインターバルがあっただけだ。7日間で3連戦を戦い1日休んで、再び3連戦という日程は選手たちには過酷すぎる。選手権も同様だ。選手登録は20人で、連戦も1月2日の2回戦と3日の3回戦と1度だけだが、それでも勝ち進めば、中1日のインターバルで戦わなければならない。プロですら、中2日、中3日は間隔を空けて試合を行う状況の中、成長期にある高校生たちに過酷な状況を強いていることになる。

それだけに本田は言う。

「ワールドカップが理想的な大会であることは間違いないんですよね。これまでは32カ国がまずグループステージで、それぞれ3試合を戦う。ベスト16からは、トーナメント方式になりますけど、それでも出場したチームは1試合で終えることなく、最低でも3試合は経験できることになる。32カ国で争う大会が長らく続いてきたのは、それが大会のシステムとして優れているという理由からだと思うんです」

ベスト16からは、一発勝負のノックアウト方式になり、日本は未だにその壁を突破できていないという現状を考えると、トーナメント方式の大会を経験しておく必要もある。かつて日本は引き分けで得られる勝ち点1を獲得する戦い方ができないと言われていたように、若いときから選手たちに一発勝負の緊張感であり、雰囲気を感じさせておくことは大事だろう。だが大会期間や開催時期、さらには方式は見直していく必要がある。

昨今、ユース年代におけるトレーニング時間の短縮や、オフの必要性など、選手たちの身体を考慮して練習環境が見直されつつある。そこを問題提起するのであれば、大会方式や日程も同様であろう。特に高体連は、学校教育と密接に関わっているだけに、大会期間の長期化による日数の確保、運営側や学校が負担しなければならない費用など、クリアしなければならないハードルも多いだけに、簡単に改善することは難しいかもしれない。だが、〝プレーヤーズファースト〟であるならば、そうした環境の改善も必要になるはずだ。

選手の個性を伸ばすためには指導者の〝目〟が大切になってくる

最後に、選手の個性を伸ばす秘訣について、本田に聞いてみた。

「まずはその選手の個性を認めてあげることですよね。（身長が）大きいからいいわけでもなければ、小さいからダメということでもない。大きいことも個性であると同時に、小さいこともまた個性なんです。足が速いことも個性だし、足が遅いことも個性だと思うんです。足が遅いからといってサッカーができないかと言われたら、そうではない。その代わり足が遅くても、技術が高く判断力も高いのであれば、それを生かしてどう選手の能力を活用していくか。足が遅いから、サイドバックで起用するのは難しいかもしれないけど、ボランチならば才能を生かせるかもしれない。その選手が持っている個性をもっと生かすためには、個性を潰さないことですよね」

一見すると、欠点に見える部分も異なる見方や起用法によって、個性にすることもできる。Jクラブユースに優秀な選手たちが集まるようになった現状においても、高体連のチームからいまだにプロ選手が続々と輩出されている背景には、そうした工夫や目線があるからだろう。だからこそ、本田は、指導者の「目」が大切になってくるとも話してくれたのだ。

また本田は日本サッカーの育成事情を見渡して、こんな話もしてくれた。

「茶道の世界に『守破離《しゅはり》』という言葉があるんですよね。『守』は型であって、いわゆる修行です。『破』は身につけた既存の型を模索していくことで自分の形にすること。さらに『離』はそれを自在に操り、新しい流派を生み出すことでもある。サッカーもその『守破離』と一緒で、『守』は基礎ですよね。『破』はいろいろな指導者から学んで生かすこと。そして『離』は、そうして身につけたことを生かして自分なりの個性を発揮することだと、選手たちには話しているんです。日本サッカー界も、『ジャパン・ウェイ』を模索している段階で、『守』と『破』までは到達できたかもしれないですけど、まだまだ『離』の境地には辿り着いていない」

ジュニア世代の選手たちの技術の高さが世界に引けをとらないことは、この章でもふれた。そこは日本の「強み」であり、「魅力」でもあると本田も言う。ただその「強み」をそこから先、どう生かしていくのか。『守破離』でいう『離』の段階に差し掛かっている。

「Ｊクラブユースの指導者も、高体連の指導者もみんな一生懸命だと思いますよ。でも高体連は教育の専門家でもあるから、授業も部活動も同じ敷地内で完結できるメリットがある。そのＪクラブユースにはない強味を、今後も生かしていくべきだと思います」

互いに強いライバル意識もあれば、指導のアプローチも異なる。その「負けたくないという思い」が、日本サッカーを高みに導くのかもしれない。

なぜなら、サッカーの本質は「勝つこと」にあるからだ。

第 3 章

高体連サッカー部
強豪校の監督に聞く②

前橋育英高校校長　サッカー部監督

山田耕介

「生徒との関係は卒業したら終わりというのではなく、その先、ずっと続いていく。この一生の付き合いという絆を築けることが、高体連サッカー部の強みと言えるかもしれませんね」

やまだ　こうすけ／1959年長崎県生まれ。中学の部活で本格的にサッカーを始め、小嶺忠敏氏が監督を務める島原商に進学。高校3年時にはインターハイで全国優勝を飾る。その後、法政大学に進学し、卒業後の82年に社会科の教師として前橋育英高校に赴任、サッカー部の監督となる。以来、同部を全国高校サッカー選手権に22度（19年11月時点）出場する強豪校に育てあげ、同時に70人以上のプロ選手を輩出。現在は同校校長、およびJ3ザスパクサツ群馬の強化育成アドバイザーも務める。

「日本一勝負弱い」と揶揄《やゆ》された山田が、遂につかんだ日本一

まさに悲願を達成した瞬間だった。

前橋育英高校のサッカー部で監督を務める山田耕介は、選手たちに胴上げされると、何度も、何度も、宙を舞った。

2018年1月8日、埼玉スタジアム2002にて行われた全国高校サッカー選手権大会決勝。本田裕一郎が指揮する流経大柏との試合は、まさに激闘であり、死闘だった。前半を0－0で折り返すと、主導権を握った前橋育英は、後半だけで10本ものシュートを放った。それでもゴールを割ることはできずにいたが、迎えたアディショナルタイムに榎本樹（ザスパクサツ群馬）が執念とも言えるゴールを決めると、1－0で勝利した。

山田にとって初の選手権制覇だった。82年に前橋育英に赴任すると同時に、サッカー部の監督を務めるようになって36年目を迎えていた。その間、選手権に出場すること21回。過去にベスト4まで辿り着いたことも6度あり、14年度と16年度は決勝まで駒を進めた。しかし、14年度は石川県の星稜高校に、16年度は青森山田に敗れ、あと一歩のところで日本一の称号を逃していた。

「日本一、勝負弱い監督なんて言われましてね（笑）」

苦節36年にして日本一に輝いた率直な思いを聞くと、山田は照れ笑いを浮かべた。

「日本一になったということよりも、ホッとしたというのが正直なところでした。ここで負ければ、また『勝負弱い』と言われるんだろうなと思っていましたから」

法政大学を卒業して同校に赴任したときは社会科の一教師だった山田も、今では前橋育英の学校長に就任している。サッカー部だけでなく、学校全体を見なければならない立場へと変わった。取材のため、通された校長室のソファに座る山田は、こう言葉を続けた。

「（選手権で敗れるたびに）何が違うのだろう、どこがいけないのだろうと、一生懸命に悩みましたし、苦しみました。でも、答えが分かっていれば、その前に何度も、何回も優勝していますよね。生徒、選手たちに、『何で負けたんだ』と言うのは簡単。でも、それでは逆

校舎の入り口前に建つ、まだ真新しい全国高校サッカー選手権優勝を記念したモニュメント

効果でしかない。だから、誠実に目の前のことをひとつずつ取り組んでいくしかなかったですよね」

山田が前橋育英のサッカー部の監督に就任したときには、一度も選手権に出場したことがなかったチームは、今や22回の出場（19年11月現在）を誇り、押しも押されぬ全国区の強豪チームとなった。現在、同校のAチームは、プレミアリーグに次ぐ、プリンスリーグ関東で戦っている。

サッカー部の歴史を紐解けば、山口素弘（名古屋グランパスアカデミーダイレクター）、故・松田直樹、細貝萌（プリーラム・ユナイテッドFC＝タイ）をはじめ、日本代表にまで登り詰めた選手も多数輩出している。これまで前橋育英のサッカー部を巣立ち、プロになった選手は70人を超えている。

優秀なサッカー選手を数多く誕生させてきた同校サッカー部の「強み」、山田の指導論やモットー、さらにはユース年代の未来へ向けた課題などを、監督である山田の言葉とともに検証していきたい。

就任当初の前橋育英サッカー部は、まるで「スクールウォーズ」の世界

山田が前橋育英サッカー部の監督に就任してから、今日までで大きく変わったことのひとつに育成年代におけるサッカーの指導方法の変化が挙げられるだろう。

「私が監督に就任した当時と比べれば、それはもう大きく変わったと言えるでしょうね」

前橋育英には、普通科の中に、特進選抜コース、特進コース、総合進学コース、さらにサッカー部の選手たちが数多く在籍しているスポーツ科学コースの4つのコースがある（他に保育科もある）。全校生徒数は1700名にも及び、日夜、勉強やスポーツに勤しんでいる。だが、山田が社会科の教師として赴任した当時は、彼の言葉で表現すれば、「荒れていた」という。

「サッカー部といっても、サッカーどころではありませんでしたよね。ちゃんと練習もしなければ、部室でたむろしている選手も多く、そこには信じられないような光景が広がっていました」

中には部室でタバコを吸う選手もいたという。若い読者には馴染《なじ》みがないかもしれないが、まさに一世を風靡したTVドラマ『スクールウォーズ』さながらの世界である。「いわゆる不良と呼ばれる生徒たちばかりでした」と山田もうなずく。

ただ、当時の山田は年齢的にも若く体力もあったため、そうした選手たちに真正面から向き合った。すると、接していく中で気づいたことがあった。

「確かに真面目に練習はしないけれど、話してみると、筋が通っているところもたくさんあったんですよね。悪いことはするけれど、決して弱い者はいじめない。だから、言いたいことがあるならば、先生に何でも言ってみろと選手たちにけしかけると、どんどん私に対する不満や文句を言ってきたんですよ（笑）」

反抗的な態度を取ることは多いが、面と向かって話せば純粋な心を持った選手たちばかりだった。そんな彼らをサッカーに向き合わせるには、心に火を付けるには、どうすればいいのだろうか。それは山田にとって、最初の試行錯誤であったという。

「いろいろと試してはみたんですけど、なかなか最初はうまくいかなかったですね。結果的に練習をボイコットされたこともありました。でも、あれは練習試合をしたときだったと思います。松本暁司先生（故人）にお願いして、浦和市立南高校（現・さいたま市立浦和南高校）と試合をさせてもらったんです」

当時の浦和南は、超が付くほどの強豪校だった。1969年には、選手権、インターハイ、さらには国体のサッカー競技で優勝。高校サッカー史上初となる三冠を達成した名門で、大人気を博したサッカー漫画『赤き血のイレブン』のモデルになったチームだった。

「当時のことを思えば、よく松本先生が試合をしてくださったなと思います。相手は日本一。当然、我々ではうまくいくはずもなく、18‐0という大差で負けたんですよね。試合後、うちの選手たちは、『もう、サッカーなんてやってられない』という態度になっていたのですが、悔しさのあまり、突然、キャプテンの選手が泣き出しましてね」

まるで、昨日のことのように山田は鮮明に思い出す。

「それでキャプテンが、『先生、悔しいです』と泣きながら言うと、チームメイトも含め周りの空気が変わったんです。連鎖するように『早く帰ろうぜ！』なんて言っていた選手まで、泣き出してしまって。そのとき、いつもは突っ張ったことを言っているけど、選手たちはみんな、『悔しいんだな』と感じたんです。同時に、この悔しい気持ちをうまくくすぐることができたら、成長できるのではないかとも考えたんです。そこで初めて、高校生を指導するということにおいて光が見えてきたところはありました」

山田は、浦和南の選手たちと自分たちの何が違うかを、あえて選手たちに問いただした。すると、選手たちはプレー面だけでなく、「きちんと挨拶している」「きちんと部室を掃除している」「きちんとグラウンドを整備している」といった答えが返ってきた。それが分かっているならば、彼らに少しでも追いつくため、まずは日々の姿勢や取り組みから変えていく必要があると、選手たちに訴えた。

「といってもみんな、すぐに忘れてしまうんですけどね（笑）。最初は練習にしても、真剣に取り組んでいるんですけど、しばらくするとその気持ちを忘れてしまう。だから、そのたびに思い出させる必要はありました」

浦和南だけでなく、古沼貞雄を頼って強豪校として知られていた帝京高校（東京）とも練習試合を組んでもらったとも言う。

「強豪校との試合を繰り返して、選手たちに肌身で違いと差を実感してもらいました。それによって、彼らにも感じるところがあるのではないかと思ったんです」

昨今、ユース年代においてもリーグ戦が整備され、以前と比較すれば、高体連のチームにとって試合をする機会は圧倒的に増えた。しかし、山田は35年も前から試合の重要性に気づいていた。それは公式戦ではなく練習試合ではあったが、選手たちにとって試合こそが多くを吸収する場であり、成長する契機であることが分かっていた。

また、「やんちゃ」と言われるような選手たちと接したことで、今なお、山田が指導する上でモットーとしている考え方も確立された。

「話したことが通じず、伝わらないことも多々あったので本当に苦労はしましたけど、指導するこちらも、本気で彼らにぶつかっていかなければならないということは感じました。本気でぶつかれば、彼らも応えてくれるんです」

元プロサッカー選手たちが監督やコーチをしている多くのJクラブユースでは、確かにスキルを伸ばすことはできるかもしれない。だが、高体連のチームを率いている指導者たちが、子どもたちと向き合ってきた膨大な時間を考えれば、人を成長させるという部分においては敵《かな》うはずがないと思わされるエピソードだ。指導者が、選手たちと接してきた時間、人数、それによって蓄えられてきたデータベースこそが、高体連のチームの強みなのではないか。

スキル（Skill）も大事だけど、ウィル（Will）も大事

では、実際に山田は、選手たちをどのような方法で「やる気」にさせていったのだろうか。サッカー部の監督に就任したばかりのころは、時代も時代だっただけに、山田もスパルタ的な指導をしていたという。

「当時はそれが普通と言われているような時代でもありましたからね。練習試合をすれば、ハーフタイムに対戦相手のベンチから相手の監督さんの罵声や怒号が聞こえてきたこともありました。そうした光景を見ると、自分も同じような対応を選手たちにしなければいけないのかなと思ってしまったり。でも、次第に、そうしたスパルタ的な指導をしていても選手たちがついてこないということに、私自身も気がついていったところはあります」

指導方法の転機として大きかったのが、群馬県内では中学時代から名前を知られていた山口素弘が前橋育英に入学したことだったという。「彼が来てくれたことで、サッカー部の空気がガラッと変わりました」と山田はうなずく。その中で、山田もまた、感じたことがあった。

「分かりやすく説明していけば、選手たちも理解してくれるんですよね。とにかく、根気強く指導していくことが必要だったんです。こちらが本気にならなければ、選手たちもこちらを向いてはくれない。時間をかけて、『絶対に成長できる』『絶対に上を目指せる』ということを伝えてい

きました。そう言ったところで、当然、最初からすべてがうまく行くわけじゃない。うまく行かなければ、選手たちも諦めそうになってしまいますけど、そこでまた選手たちと向き合って、奮い立たせていく。そうやってずっと、選手たちに接してきたような気がします」

実際、前橋育英は、山口が高校3年生だった1986年度に初めて選手権に出場している。初の選手権は1回戦敗退に終わったが、全国の切符をつかんだという結果が出たことも、山田にとっては自信であり、手応えになった。山田が認めるように、指導方法の変化は時代の流れとともに、『徐々に、徐々に』だったのかもしれない。ただ、試行錯誤していく中で山田が気付かされたのは、声を荒げることでもなければ怒鳴ることでもなく、「向き合い続ける」という指導者としての根気だった。

「技術はもちろん大事だと思います。でも、結局ところ、『技術だけではないよね』というところに行き着くと思うんですよね。勉強もそうですけど、家に帰ってまずは机に向かわなければならない。その机に向かうという行為は、頭がいいとか、知識があるといったこととは関係がないですよね。机に向かうには、その生徒の意志の力が必要になる。リビングでテレビを見たり、スマートフォンでゲームをやっている時間は、楽しいし居心地もいいでしょう。でも、そこで『今日は勉強しなくてもいいや』というのではなく、勉強をするために机に向かわなければならない。サッカーもそれと一緒なんです。だから、私は選手たちにスキル（Skill＝技術）も大事だけど、ウィル（Will＝意志）も大事だと伝えているんです。練習に向き合う強い意志、課題に取り組む強い意志。もうひとりの自分が弱さを見せたり、自分を甘やかそうとしたりするかもしれないけど、『自分を抑えよう』と、今も選手たちには言うんですよね」

今日のリーグ戦の礎となった「関東スーパーリーグ」

前橋育英を県内の強豪から、関東の強豪、そして全国区のチームへと押し上げていった山田は、その長年にわたる指導歴の中で、ユース年代を取り巻く環境の変化をどう捉えているのだろうか。

山田は、その大きな分岐点として、リーグ戦の導入を挙げる。今でこそ、プレミアリーグ、プリンスリーグといったリーグ戦が日常化しているが、山田はそうした環境を作るきっかけになった一人でもあったのだ。

「以前は、東京ヴェルディの前身の読売クラブのユース、横浜F・マリノスの前身の日産のユースと、クラブチームはクラブチーム同士で試合をして、高体連のチームは高体連のチームで試合をしていましたから、お互いに対戦をすることはまずなかった。でも、そうした状況は日本のユース年代の成長を考えたとき、違うのではないかという思いがありました。なかなかクラブチームと高体連のチームは交流する機会はありませんでしたけど、九州の高体連のチームが強かったり、クラブチームが台頭してくる中で、われわれ関東の高体連のチームも『負けないぞ』という意識はありましたからね。それで、(11年に)プレミア、プリンスリーグが始まる前から、『他地域には負けない』というコンセプトのもと、大会を設立したんです」

それが、97年に構想が持ち上がり、00年、02年と行われた「関東スーパーリーグ」(p238、表⑪)である。当時、暁星高校のサッカー部監督だった林義規や、習志野の監督だった本田裕一郎、さらには市立船橋を率いていた布啓一郎らが中心となり、関東の強豪校によるリーグ戦を実施したのだ。

趣旨としては、トーナメントではなくリーグ戦を行うこと。負けても1試合で終わらないため、選手たちも思い切ったプレーができる。トーナメントにはない引き分けや得失点差を意識して戦うことで、試合の駆け引きを学ぶことができる。ホーム&アウェーの2試合総当たり戦を行うことで、第1戦を戦ったうえで第2戦をどう戦うかという課題に向き合うことができるというメリットもあった。当時の高体連の大会といえば、インターハイと選手権が主であり、いずれもトーナメント方式だった。そのため、リーグ戦を導入することにより、公式戦の数を増やすこともできれば、リーグ戦によって得られるものも多いと、高体連の指導者たちは考えたのである。

その結果、00年に開催された「関東スーパーリーグ」に参加したのは、関東の10校に、静岡県の静岡学園と清水商業、山梨県の韮崎高校、帝京第三高校を加えた14チームにもなった。

無論、前橋育英も同大会に参加した。

「プロになる選手を輩出した人数で言えば、当時はまだまだ高体連のチームのほうが多かったかもしれませんが、その時点からJクラブユースの台頭に危機感を感じていたのは事実ですね。そこから、日本サッカー協会とも話すようになって、今のような形（プレミアリーグやプリンスリーグ）を模索していく流れにつながったと思います」

この動きは、関東だけでなく、関西、東海、北信越などにも波及していった。山田も話すように、この「関東スーパーリーグ」の構想と実施が契機となり、11年より「高円宮杯 JFA U-18サッカーリーグ」はスタートした。

ユース年代の環境を大きく変え、前進させるきっかけを作ったのは、高体連の指導者たちだった。公式戦の重要性に気づき、それを取り入れ、レベルの高いチームとの試合を数多く行う場を作ろうと彼らが考えなければ、ユース年代におけるリーグ戦の定着も、高体連とJクラブユースが同一リーグで戦う環境作りも遅れていたかもしれない。そう考えると、長きにわたりユース年代の指導と発展を模索し続けてきた高体連の指導者たちの功績は大きい。

高体連サッカー部の強みは、監督が長期にわたって指導できること

リーグ戦が整備され、高体連のチームとJクラブユースが切磋琢磨する環境が日常化している

今、山田の目にJクラブのアカデミーの存在はどのように映っているのだろうか。

「お互いによきライバルとして競争し合う関係ではありますが、Jリーグのクラブはユースでもジュニアユースでも、監督が頻繁に代わる傾向にありますよね。クラブ内での配置転換があったり、ユースの監督がトップチームの監督やコーチになることも多い。数年で指導者が変わってしまうことが多いように感じています。育成という部分を大事に考えるならば、指導者が長いスパンで子どもたちを教えることができれば、さらに変わっていくのではないでしょうか」

確かにJクラブユースの指導環境に目を向ければ、そうした現実は否めない。

例えば、ユース年代の最高峰であるプレミアリーグを見渡してみれば一目瞭然である。「EAST」では、清水エスパルスユースの平岡宏章監督が就任6年目を迎えているが、柏レイソルU-18の山中真監督と大宮アルディージャU18の丹野友輔監督、ジュビロ磐田U-18の世登泰二監督はいずれも就任して2~3年である。浦和レッズユースの池田伸康監督に至っては、今シーズン途中にトップチームの監督交代の影響を受けて、ユースの監督に就任したばかり。

さかのぼれば、現在、U-17日本代表の指揮官の森山佳郎監督が、02年から12年までの10年間、サンフレッチェ広島ユースの監督を務めたという事例はあるが、その森山監督ですら指導力を評価されて、日本サッカー協会で育成年代の仕事に携わるようになり、チームを離れた。高体連の指導者のように、同一校で35年以上も指導を続けている山田のような指導者もいなければ、10年単位で同じカテゴリーを見ている監督やコーチも少ない。

Jリーグの各クラブが、選手の育成を重要視し、スペシャルな選手を育てようと考えるならば、指導者もその年代におけるスペシャリストを育てるべきではないだろうか。ジュニア、ジュニアユース、そしてユースと、身につけるべき技術が異なり、年齢によって精神的な成長も異なることを考えれば、なおさらだ。

Jクラブユースにおける指導者の移り変わりの早さを考えると、高校1年生で入ってきた選手が卒業する高校3年生になるまで、同じ監督やコーチから継続して指導を受けられないという現象が当然ながら生じることになる。いろいろな指導者のもとでサッカーを学ぶことができると考えることも可能だが、選手が成長していく日々や課題を克服していく過程を同じ指導者が見続けることができないということにもなる。

一方、高体連には、3年間を通じて同じ指導者にサッカーを教わり、人間としても成長させてもらえる環境がある。もちろん公立高校には教師の異動もあるため、一概にどの学校も指導者が代わらないと断言できるわけではないが、Jリーグのアカデミーと比べればそうした状況は極端に少ないといえるだろう。私立に至っては、前橋育英の山田しかり、流経大柏の本田裕一郎しかり、長期にわたって携わっている指導者は多い。これこそが、高体連の強みとも言える。

高体連の指導者たちは、まだ中学生の雰囲気が抜けない、あどけない新入生が3年間を通じて逞しくなっていく過程をともに過ごし、そのときどきで適切なアドバイスであり、助言をすることができる。山田がそれを裏付ける発言をしてくれた。

「練習だけでなく、普段の学校生活においてもともに過ごしているだけに、選手のちょっとした変化に気づいてあげることができると思うんですよね。その都度、コミュニケーションをとることもできる。そうした関係性は高校に通っている3年間だけでなく、卒業したあとも続いていくんです。大学を経由してプロになる選手が相談の連絡をくれたり、大学でサッカーをやめて、就職する選手が挨拶にきてくれたりもする。その関係は卒業したら終わりというのではなく、その先もずっと続いていく。この一生の付き合いという絆を築けることが、高体連の強みと言えるかもしれませんね」

山田は「だから年々、(OBの)人数が増えていって大変なんですけどね」と言って笑ったが、師弟ともいえる関係性が築けていることは高体連ならではの強みと言えるだろう。

実際、Jリーグで活躍する高体連出身の選手たちにインタビューをすれば、恩師として高校時代の指導者を挙げることは多い。さらに、その選手たちは決まってこう言うのだ。

「サッカーのことだけでなく、人としても大きく成長させてもらいました」

長年にわたり築き上げた伝統は、高体連サッカー部にとっては貴重な財産

また、指導という視点だけでなく、チームコンセプトにおいても同様のことが言えるだろう。

Jクラブユースでは、トップチームの指揮官が代わったことで、ユースチームのスタイルが180度転換することもあり得る。一方で、監督が代わる機会が少ない高体連の強豪校においては、チームとして掲げるコンセプトや信条が変わることはめったにない。

「母校愛と言ってしまうと、古く聞こえるかもしれませんが、私が退職した後も、築いてきた伝統はコーチたちの手によって継承されていきます。だから、プライドや誇りというものは受け継がれていくと思うんですよね。これは、日本の部活動の良さのひとつでもあると思うのです」

前橋育英のサッカー部には、脈々と受け継がれているスローガンがある。

「Never never never Give up」という言葉である。これこそが山田の言う「マエイク・スピリット」の原点。「絶対に、絶対に、絶対に諦めない」という精神である。その思いは山田自身にも息づいており、だからこそ、「日本一勝負弱い監督」と揶揄されながらも、幾度もの挑戦を経て、17年度に選手権制覇という快挙を達成できたのであろう。

同時に、山田はこんなことも言っている。

「その『マエイク・スピリット』は学校という環境だからこそ、芽生えるとも思うんですよね。

前橋育英を好きになり、そこにプライドを持って高校生活を過ごすからこそ、責任が発生するということはいつも話しているんです。卒業したあとも、自信を持って前橋育英出身だったと言えるような学校。今、私は学校長という立場でもあるのですが、野球部も強くなり、勉強の面でもがんばっている。だからこそ、大学に進んで、前橋育英出身だと言えば、『サッカーが強いところだよね』『野球が強いところだよね』と言われて、鼻が高いという話を聞くんです」

山田は、著書『前育主義』（学研プラス）の中で、6つのチームコンセプトを掲げている。「人間力」「規律」「コミュニケーション」「逆境に屈しないポジティブシンキング」「勝負へのこだわり」、そして「チーム・学校・自分自身にプライドを持つ」ことである。

現代社会においては、新しいものばかりに目が行きがちだが、古きを守り、伝統を継承していくことも強さを保つ秘訣になるのではないか。

サッカーの情報が乏しく、指導における正解と言われるものがない時代から、試行錯誤を繰り返してきた育成のスペシャリストのもとで、高体連のチームは一歩ずつ、一つずつ伝統を築き上げてきた。その軌跡は1年やそこらで築かれたものではない。だからこその、伝統であり、強みなのでもある。

ただ、ひとつ言えるのは、そこへ辿り着くまでには、ある一定の時間が掛かるということだ。

絶頂期のアヤックスを視察して学んだ「TIPS」という考え方

高体連のチームを率いる監督たちは、ただ、「伝統」を守り続けているだけではない。流経大柏の本田裕一郎監督が、毎年のようにヨーロッパに足を運び見聞を広めているように、山田もまたヨーロッパに渡り、最先端のサッカーの指導現場に触れた経験がある。

山田が視察に言ったのは、オランダのアヤックスだった。しかも、山田が30歳くらいのときだというから、今から30年近く前のことだ。当時は、今のようにインターネットで情報を集めることもできなければ、CS放送などで気軽に世界のサッカーを視聴することもできなかった時代だ。最先端のサッカーを目にするには、現地に赴くしか方法がなかった。

加えて、アヤックスといえば、70年代初頭には、UEFAチャンピオンズカップ（現・UEFAチャンピオンズリーグ）で3連覇を達成して、ヨーロッパを席巻したクラブである。選手の育成においても当時の最先端を走っていて、練習方法や指導理論は世界中の指導者に影響を与えた。今でいう、FCバルセロナやマンチェスター・シティのように。

「当時のアヤックスはすごかったですね。一番下だと8歳からトップチームまで、すべてのカテゴリーの練習を見学させてもらいました。そこで『TIPS』という考え方を教わったんです。『T』はテクニック、『I』はインテリジェンス、『P』はパーソナリティー、『S』はスピード。ただ、この中でも特に、アヤックスの指導者たちが重視していたのが、『P』にあたるパーソナリティーでした。それは言い換えれば人間力。さらに噛み砕けば、いろいろなものを素直に吸収できる力、または、はねのける力だったりする。そうした向上心を持ち合わせている選手こそが素晴らしいということを教わりました。そして、そうした選手たちのハートに火を付けることが、私たち指導者の仕事でもあるということも言われましたね」

ロウソクにたとえて、山田がさらに説明してくれた。

「ロウソクも、芯がなければ、どれだけ火を付けたところで燃え続けることはできないですよね。子どもにとってその芯とは、好奇心であったり、向上心であったり、さらには勝負に負けたくないという気持ちだったりすると思うんです。そのロウソクの芯に火を付けることが私たち指導者の仕事なのです」

そして、山田は、選手たちにパーソナリティーを養わせるための、「本気」と「根気」を持ち合わせている。ここがポイントでもある。

「選手たちに、パーソナリティーを養わせるのは簡単ではないですね。『また、山田先生は同じことを言っているよ』と選手には思われているでしょうけど、同じことを繰り返し言うのは、それだけ大事なことだからなんです。そうした小さなことが積み重なっていって、いつしか身になっていく。だから、一気に伸びるということはあまりないんですよね。一方で、下るのは簡単。

やめてしまえば、一気に落ちていきますから。その選手のモチベーションがなくなった瞬間に、すべての火が消えてしまうこともあります」

それはJクラブユースと対戦するようになった今、まさに感じることだという。

「10月、11月の時期になると、Jクラブユースの選手たちは、トップに昇格できるか、できないかが分かっていますよね。そうすると、モチベーションがガクンと落ちてしまっている選手をたくさん見かけます。5月、6月に対戦したときとは全く別のチームのように感じることも多いですし、高体連のチームがシーズン終盤に巻き返すのも、そうした要因があるからだと思います」

確かにJクラブユースでプレーしている選手たちにとって、トップチームに昇格できないという事実が分かれば、目標を失うことになる。一方で、高体連の選手たちが最後の最後までモチベーションを切らすことなく戦い抜けるのは、選手権が年末年始に控えていることもあるが、そもそもチームとしての目標設定がプロになることではないからだとも言える。

しかし、それ以上に、前橋育英をはじめとする高体連のチームが、シーズンが終わるまでモチベーションを高く臨めるのは、指導者の働きかけであり、アプローチの方法によるところが大きいだろう。それはまさに『TIPS』の『P』を磨いてきた賜とも言える。

Jクラブユースもこうした働きかけは、見習うべきところでもあるだろう。トップチームに昇格できるのはひと握りである。昇格できないと分かった選手たちにとっては、ある意味、挫折である。だからこそ、その悔しさをバネにしてはい上がれるように、ロウソクに火を付けるタイミングでもあると思う。その悔しさを糧にして、大学で成長しプロへの扉を開いた選手たちはたくさんいるからだ。

反骨精神に火を付ける選手起用をあえて行う理由とは？

山田がアヤックスで学んだ『TIPS』の『P』。パーソナリティーの中に組み込まれている「はねのける力」は、どのように選手たちに植え付けているのだろうか。

いわゆる反骨精神というものである。かねてから、エリート街道を進んできたJクラブユース出身の選手たちは挫折した経験が少なく、反骨精神に欠けるところがあると言われてきた。しかし、前述したように、トップチームに昇格できなかったユースの選手が、大学でもまれて大きく成長するのも、そうした反骨心を抱いて努力するからでもある。

一方で、高体連出身の選手たちは、逆境に打ち勝つ力が強いとも言われている。

聞けば、ここにも指導者としての工夫がある。

「まずはチーム内のおける競争ですよね。クラブユースは人数制限があるので、多くて40名程度のチーム構成です。一方で、うちは170名の部員がいます。学年単位で見れば、1学年約55名。単純計算しても、各ポジションに5~6人の選手がいることになる。まずは、そこからトップにはい上がっていかなければならないという環境があります」

実際、前橋育英出身で現在、浦和レッズのボランチとして活躍している青木拓矢にインタビューしたときも、「1年生のときはトップチームのメンバーに入っていましたけど、試合に出場する機会はなかった。僕が試合に出られるようになったのは、3年生になってから。だから、はい上がっていくということに慣れているところはあります」と、プロになってポジションをつかみ取ることができた背景について話してくれたことがあった。

前橋育英には、現在、全部で6つのカテゴリーがあるという。プリンスリーグを戦うAチーム、さらには群馬県の1部、2部、3部の各リーグを戦うB、C、Dチーム、他に新

学校から4キロ弱の距離にあるサッカー部の専用グラウンド。関越自動車道・高崎ICの間近にあるため、県外のチームとも頻繁にトレーニングマッチを組める

入生にあたる1年生が2チームに分かれている。ちなみに入学して本人が希望すれば、誰でもサッカー部に入部することはできる。強豪として知られるようになった近年は、100人近い生徒が県外から来るという。6つのチームすべてにそれぞれ監督を務めるコーチがいて、各チームの選手の入れ替えも頻繁に行っているという。

「各カテゴリーの監督やコーチと相談して、結果を出している選手に関しては、できるだけ上のチームでプレーできるようにはしています。でも、Aチームにはいつも入っているけれども、なかなか試合に出場する機会を得られないという選手も出てきてしまう。一方で、県1部リーグの試合にずっと出場しているBチームの選手たちが実戦で鍛えられて、今度は伸びてくる。だから、プリンスリーグではサブになる選手たちと、県1部の試合に出ている選手たちは一緒に練習をさせて、その中で競争を生むような状況にしています」

そうしたチーム内における環境作りも工夫のひとつではあるが、さらに山田はこんな起用法も、〝あえて〟行っている。

「たとえば、ジュニアユースのときに浦和レッズでプレーしていた選手がいるとしますよね。でも、その選手はユースに昇格できずにうちに来てサッカーを続けていたとします。そうしたらあえて、浦和レッズとリーグ戦などで対戦するときには、その選手を先発で起用します。横浜F・マリノスのジュニアユース出身の選手がいれば、マリノスのユースと対戦するときにはやっぱりその選手を起用します。これはわざと、そうした試みをしていますね」

選手には「見返してやる」という反骨心が自然と芽生える。かつての古巣と対戦する週は練習から気合も入れば、試合でもいつも以上に奮起することだろう。そうした状況を作り出し、機会を与えることで、選手たちの反骨精神を養っていく。こうした工夫もまた、長年ユース年代を指導し続けている山田だからこそできることだと言える。

相手チームのシステムに柔軟に対応しながら、勝ち切る強さを養う

前橋育英が掲げるサッカーは、パスワークが中心だが、それだけに偏っているわけではない。山田は著書『前育主義』の中でも次のように言及している。

『ショートパスだけをつなぐという意図はまったくありません。しっかりとパスをつなぐサッカーがベースになっていますが、それはうちのチームでゴールの確率を考えたときに最も適した戦い方だからです。あくまで選手のタイプに合わせた戦いを選択している』

それはチームとしてのスタイルを極めると同時に、対戦相手によっては戦い方を変えることも辞さないということでもある。例えばこうだ。

「かつてサンフレッチェ広島ユースと対戦したときですが、相手は3－4－2－1のシステムを採用していました。相手の1トップ2シャドーをどうディフェンスするのか。いろいろと考え

た結果、『ミラーだよね』ということになり、うちも同じ3－4－2－1を選択しました」

ミラーゲームとは、自らのシステムを捨てて、相手チームと同様の布陣を敷いて臨むこと。こうした対策を取る中で、うまく機能するときもあれば、裏目に出てしまうこともあるという。

「プリンスリーグで横浜FCユースと対戦したときは、前半4－4－2でスタートしたのですが、うまくいかずに、後半から3バックに変更してミラーゲームを挑んだことで、うまく対応できて逆転勝ちしたこともありました」

チームとしての確固たるスタイルは持ちつつも、ときには戦い方や戦術を変えることもある。すべてはチームのコンセプトでもある、「勝負にこだわる」姿勢に基づいている。その結果、選手たちには、ひとつの戦い方に固執しない柔軟性が養われていく。

「相手があってのサッカーですからね。前育のサッカーというものがあるので、それをやり切れば確かにいいとは思います。でも、そこに固執してしまえば、相手によっては負けてしまうこともある。これは世の中の仕組みと一緒なのかもしれません。社会に出れば、いろいろな上司であり同僚がいる。それに対して、経験していないからといって対応できないのではなく、いろいろな人に対して適応できるほうがいい。それはプロになろうが、大学に行ってサッカーを続けようが同じです。その先々のチームの監督が、こういうサッカーをしている。自分とは考え方やスタイルが合わないかもしれないけれども、物事にはいろいろな見方があって、考え方がある。それを突っぱねるのではなく、受け入れてみて自分で判断することも必要なのではないか」

サッカーのことで言えば、相手の特徴に応じて、ときには自分たちのスタイルを変えることで、勝利をもぎとる。これは、トップチームの指針に沿って指導を行っているＪクラブユースにはない要素と言えるかもしれない。確かに個々のテクニックやスキルはＪクラブユースに所属している選手たちのほうが高いかもしれない。しかし、前橋育英の選手たちには、さまざまなスタイルに適応する能力や工夫が養われていく。

「Ｊクラブユースの選手たちは、ジュニアユースからずっと一緒にやっている選手たちも多いので、コンビネーションも確立されていて、やりやすそうにプレーしている。そこはチームとして、ものすごい特長でもありますよね。一方で、それが異なるチームに行ったり、違うスタイルのサッカーに触れたときには、どうなのかというクエスチョンマークが付くこともあります。サッカーはどんどん変化し進化しているように、ずっと同じとは限らない。それだけに柔軟性や適応能力というものも大事になってくると思うんですよね」

「ワーキング・グループ」を作り、選手の意見を最大限吸い上げる

２０１７年度に、前橋育英が選手権で初優勝を飾った過程には、新たな取り組みが少なからず影響をもたらしていた。

16年に山田は、選手たちの意見を吸い上げるべく、サッカー部内に「ワーキング・グループ」を作った。約170人に及ぶ選手とコーチたちを10人ずつのグループにして、話し合いの場を設けたのである。その背景には、同年、チームがインターハイの県予選初戦で敗退したことがある。山田は「一歩間違えば、チームが空中分解しそうな雰囲気があった」と振り返ってくれた。

「これは選手たちと本音で話し合わなければならないと思って、グループを作って、どうすれば改善していけるかという意見を出し合ったんですよね。練習内容はもちろん、監督である自分やコーチたちへの不満。それから練習時間、さらには言葉遣いにいたるまで、何でもいいから不満や改善すべき点があれば、言い合おうと」

ただ、その試みは最初から思惑どおりに進んだわけではなかった。当初は選手たちに遠慮があり、思いの丈をぶちまけていないことは明らかだったという。だが、何度も行っていくうちに、次第に選手たちが心を開き、自発的に発言するようになっていった。これも山田が指導するうえで重視している「根気」の賜だろう。

「次第に意見が出るようになってきたんですよね。『山田先生はミニゲームの時間が長すぎる』とか。例えばですけど、『10分ではなく、8分でいいのではないか』とか。そうした意見を聞けば、『じゃあ、8分でやってみよう』と。『山田先生はサッカーノートをしっかり見てくれていない』という不満が出れば、それを受け止めて改善していきました」

選手たちが提案したことを取り入れ、指導者である自分たちも態度や行動を改めていった。その結果、選手たちには責任が生じたし、指導者には新たな気づきがあった。

「次第に練習に対する取り組みや試合に対する姿勢にも変化が現れていったんですよね。練習や試合でも、どんどん声が出るようになって、チームとしても一気に力をつけていった」

その結果、16年度の選手権では決勝に進出し青森山田に0－5と大敗を喫するも、翌17年度の選手権初優勝へとつながっていった。「選手主導」「プレーヤーズファースト」による指導方法をボトムアップ理論と呼ぶが、「ワーキンググループ」を形成して、選手の意見を吸い上げていく試みを取り入れた山田の姿勢にも柔軟性は表れている。

また、他にも、『Twitter』や『Instagram』など、高校生の間でもSNSが普及している昨今においては、それが問題の火種になることも多い。そうしたときに、SNSを禁止したりするのではなく、選手たちに危険性や問題点を理解させたうえで、正しくSNSを活用させようと考えた。そのため、Jリーグの新人研修を担当している講師を学校に招き、プロの選手たちが行っているのと同等のオリエンテーションを学校内で実施したという。

山田の話を聞いて感じるのは、まさに「伝統」と「革新」である。前橋育英という誇りとスピリットを持ち、パーソナリティーとなる人間性を育んでいく。その過程において必要ならば、新しいものを取り入れ、実践していく。

だから、スマホやSNSも禁止したり、抑制するのではなく、活用できる方法を探していく。そのために試行錯誤を繰り返し、選手たちとともに指導者自らも、成功と失敗を繰り返していく。その目線こそが、山田の強み、前橋育英の強みなのだろう。

そこにあるのはこれまでに密度の濃い時間を、ともに過ごしてきたという圧倒的な自信である。それこそが高体連のチームにおける最大の特長と言えるのだろう。

サッカーで一番大事なのは基本。「止めて、蹴れて、運べる」こと

前橋育英を卒業してプロになった選手は70人を優に超えている。部活動はあくまで学校教育の延長線上にあり、プロサッカー選手を育てる場ではないが、山田はこの成果をどう捉えているのだろうか。

「サッカーに一生懸命取り組んで、高校を卒業してプロになるのももちろんいい。大学で一生懸命サッカーをして、その後、プロとしてプレーするのも、もちろんいい。だから、Jリーグのスカウトからオファーがあれば、私は選手に包み隠さずすべて伝えるようにしています。結果的に悩んで、その選手が大学に行くという結論を出したときには、『それも正解だよな』と言ってあげるんですよね。大事なのは自分で考えて決めることだと思うので。だから、僕としてはプロになったときのことも、大学に進学した場合のことも、どちらのメリットもデメリットも伝えて

あげるようにしています」

　そう話す山田に、プロになった選手たちに共通していたものを聞いた。

　すると、山田が答えたのは「個性」だった。

「松田直樹も細貝萌も、日本代表クラスになった選手を見ると、いい意味でですけど、やっぱりどこか変なんですよね（笑）。すべてのバランスが良いというわけではないが、何かが突き抜けているというか、突出した何かを持っていたんですよね。その何かというのは選手それぞれによって違いますが、それぞれに個性があった」

　一方で、絶対に共通しているところもあったという。

「ボールを『止めて、蹴れて、運べる』。この3

前橋育英のレジェンド、故・松田直樹に関連する品々を展示しているコーナーが校舎内にある

つはプロになったすべての選手にありました。どんなに足が速かろうが、背が高かろうが、この3つはできなければならないと思います」

だからこそ、基礎の重要性を山田は訴える。

「『止めて、蹴る』というプレーはサッカーの一番大事なところでもあるので、小中学生のうちに身につけておいてほしい。ただ、高校になっても技術は伸びる。競技は違いますが、イチロー選手も言っていましたよね。『偉大な選手ほど、基本の大切さを分かっている』ということを」

基礎があったうえでの個性。だから、前橋育英では基礎となるパスの質、精度、スピードを強化する練習に余念がないという。そのうえで、個性を伸ばし、人間性を養い、柔軟性を育てる。そうした環境があるからこそ、前橋育英からは、山口素弘、細貝萌、青木剛、青木拓矢を筆頭に、ゲームをコントロールする目を持った優秀なボランチが多く育っているのかもしれない。

第4章

Jクラブユースの指導者に聞く①

FC東京U-18監督

中村 忠

「育成の指導者としては、トップチームのピッチに立つ11人のうち半分の5〜6人はアカデミー出身というのが理想。そうなったとき、はじめて育成型のクラブと胸を張って言えるのではないかと思います」

なかむら ただし／1971年6月10日、東京都生まれ。中学に入学して読売クラブ(現・東京ヴェルディ)のユースB(ジュニアユース)に入団。その後読売クラブユースを経て、90年にトップチームに昇格。主に右サイドバックとして活躍し、Jリーグ創世記の"ヴェルディ黄金期"を支えた1人。99年に浦和レッズ、2000年に京都パープルサンガ(現・京都サンガF.C.)に移籍、04年に同チームにて現役引退。日本代表として16試合に出場。その後、ヴェルディで指導者の道を歩み、12年にFC東京U-15むさしのコーチに。翌年から3年間同チームの監督を務める。その後U-18、トップチームのコーチを経て、19年にU-18の監督に就任。

ユースチーム発足から20年あまりで100人近いプロを輩出

ここまで高体連のチームの歩みや現状、さらには強みなどについて考察してきたが、一方のJクラブユースはどのような取り組みをしているのだろうか。

FC東京の育成組織であるU－18で監督を務める中村忠に話を聞いた。

FC東京のアカデミーは、クラブの前身となる東京ガスのサッカースクールが原点となっている。沿革としては、1993年に東京ガスフットボールクラブ ジュニア・ジュニアユースが設立され、95年にはユースチームが発足。クラブがJリーグに加盟した99年より、FC東京U－15、U－18として活動を開始している。ジュニアユース世代においては、04年にFC東京U－15むさしが発足したことを受けて、現在U－15のチームはU－15深川（江東区）、U－15むさし（小金井市）の2チームがある。また、小学生の年代においてはジュニアチームを持たず、アドバンスクラスというスクール事業を展開しているのも特徴だろう。これは、FC東京が地域とのつながりを大切にし、地域の指導者との関係性を深めることで、地域全体のサッカーレベルの向上を目的としているからだという。

ユースに当たるU－18は、発足から20年あまりで、100人近い選手をプロの世界へと送り込んでいる。FC東京のトップチームに昇格し活躍した代表的な選手といえば、梶山陽平や権田修一（ポルティモネンセSC）、そして武藤嘉紀（ニューカッスル・ユナイテッド）らの名前が挙がるだろうか。現在、FC東京に所属している選手では、日本代表で活躍する橋本拳人がいる。彼はFC東京サッカースクールに通い、U－15深川、U－18とステップアップしてトップチームの主軸へと成長した生え抜きの選手である。

19年シーズン、FC東京U－18はプリンスリーグ関東で戦っている。中村は18年に同チームのコーチに就任、19年から監督として指導に当たっている。それ以前には、12年にU－15むさしのコーチ、13～15年は同チームの監督を経験するなど、今日まで育成年代の指導に深く携わってきた人物でもある。

「FC東京U－18は、各学年15人前後で構成されています。基本的に、Aチームがプリンスリーグ、Bチームが東京都1部リーグに出場しています。ただ、J3リーグに参加しているU－23というチームもあり、U－18で活動している選手も十数名が2種登録選手（第2種トップ可）として登録されていて、U－23で出場機会があるときはJ3リーグの試合に出場しています。そのため、大きく分けると、プリンスリーグ、東京都1部リーグ、J3リーグと、3つのレベルに分かれて、週末の試合を戦っていると言うことができます」

これはJ3リーグを戦うU－23を持つメリットであり、選手育成における効果についてはのちほど紹介するとして、2種登録選手についてだけ簡単に説明しておこう。2種登録選手とは、J

リーグクラブのアカデミー（18歳以下のチーム）に所属しながら、Ｊリーグの公式戦に出場できる資格を得た選手のことである。そのため、２種登録選手として登録されればユースに在籍しながら、トップチームの公式戦に出場することが可能になる。ＦＣ東京に当てはめれば、Ｊ１リーグを戦うトップチームでも、Ｊ３リーグを戦うＵ－23でも、Ｊリーグの公式戦への出場が可能になる。

ちなみに、「ＪＦＡ・Ｊリーグ特別指定選手制度」という制度も設けられている。これは全日本大学サッカー連盟、全国高等学校体育連盟、日本クラブユースサッカー連盟のいずれかに加盟しているチームの登録選手は、推薦によりＪリーグ所属クラブの公式戦に出場できるという制度だ。簡単に言えば、高校、大学のサッカー部に所属する選手も、特別指定選手として認められれば、Ｊリーグの試合に出場できることになる。これは将来有望な選手に、より早いタイミングで、よりレベルの高い環境での試合を経験させることを目的としている。同制度は、98年より導入され、当時は『強化指定選手』と呼ばれていたが、03年から現在の『特別指定選手』との名称に改められた。

例を挙げれば、15年当時、関東学院大に所属していた富樫敬真（ＦＣ町田ゼルビア）が、特別指定選手として横浜Ｆ・マリノスでＪ１に出場、４試合に出場して１得点を挙げている。ＦＣ東京では、徳永悠平（Ｖ・ファーレン長崎）や長友佑都も同じ制度を利用してＪリーグに出場した（長友はその後、明治大のサッカー部を退部して、08年からFC東京でプロのキャリアをスタートさせた）。

ユース年代の選手は、アカデミーに在籍している選手が2種登録制度によりJリーグの公式戦に出場するケースが多いことから、特別指定選手制度を利用して出場する選手は、大学生が大多数を占めている。高体連のチームに所属していた選手としては、四日市中央工業時代の森島司（サンフレッチェ広島）、桐光学園の西川潤が同制度を用いているが、ほとんどの選手が出場機会を得るまでには至っていない。

FC東京U－18には、2種登録選手も含め、19年度は45人の選手が在籍している。学年別に見ると、高校3年生が16人、2年生が14人、1年生が15人と、いずれも少数精鋭である。

「練習は45人の選手たちが常に一緒に練習しています。当然、週末の試合に向けては、Aチーム、Bチームといった出場するカテゴリーに分けて練習することはありますが、基本的には同じ時間帯で同じ練習をしています」

中村自身もジュニアユースから読売クラブに所属した〝クラブ育ち〟

FC東京U－18を指揮する中村に少しだけフォーカスすれば、Jリーグ発足前に学生時代を過ごしている選手としては珍しく、クラブユースで育っている。当時のことを聞くと、懐かしみつつ、振り返ってくれた。

「僕が子どもの頃は、やはり高校サッカーに憧れていました。小学生の頃の強豪校と言えば、帝京、武南（埼玉）、サッカー王国と言われていた静岡では〝清商〟と呼ばれていた清水商業や清水東。そうした高校が全国制覇していた時代です。僕自身も国立競技場や西が丘サッカー場（現・味の素フィールド西が丘）に足を運び、試合を見ていましたからね」

東京都西多摩郡瑞穂町で生まれた中村は、中学校1年生で読売クラブの育成組織に加入している。その後、同クラブで中高年代を過ごし、Jリーグが開幕した1993年をヴェルディ川崎（現・東京ヴェルディ）の一員として迎えた。まさに日本サッカーの変革をピッチ上で体感してきた一人である。それだけにJリーグ発足前は圧倒的に主流だった〝高体連〟のチームを選ばず、〝クラブユース〟を選択した決断には、興味深いものがある。

「当時のことで言えば、クラブチーム自体が少なかったですからね。僕自身も中学生になるタイミングで、初めて読売クラブのことを知ったくらいです。当初は、中学校のサッカー部に進むつもりでいたのですが、小学生のときに指導を受けていた監督が、『読売クラブというサッカーのうまい選手が集まるチームがあるぞ』と教えてくれて、1週間ほど練習に参加させてもらったんです。結局、中学校のサッカー部には2年生まで所属していたのですが、そのサッカー部も東京都の大会で優勝するくらいの実力でした。自分も小学生時代にその仲間たちとプレーしていたこともあり、いくら読売クラブにうまい選手が集まっていると言っても、それほどレベルは高くないだろうと高をくくっていたんです。ところがいざ練習に参加してみると、ボールも触れないくらいにレベルが高い。子どもながらに衝撃を受けて、すぐにここでプレーをしたいと思うようになりました。自分自身が負けず嫌いだったところもありますが、この人たちよりもうまくなれば、自分も将来サッカーを職業にしていけるかもしれないと考えたんです」

まだJリーグが発足する前の話である。当時は、海外でプレーするどころか、日本でプロサッカー選手になることすら夢のまた夢だった。

「それでも当時の読売クラブの先輩たちで言えば、加藤久（FC町田ゼルビア・アカデミーみらいプロジェクトコーディネーター）さんや、都並敏史（ブリオベッカ浦安監督）さんといった方々がプロになり、自分もこの道に進もうと思うようになりました」

現在Jクラブは全国に55ある。単純計算で1チーム30人と考えると、1600人以上もの選手がサッカーを職業にし、プレーをすることで生活を成り立たせている。日本代表選手の多くが海外でプレーしている現状を踏まえれば、さらにサッカーを生業《なりわい》としている日本人の数は増える。

「育成年代の環境のことを言えば、日本では、どのスポーツも学校教育からスタートしています。それはサッカーも例外ではありません。日本サッカー界も、その歴史を踏襲してここまで歩んできています。ただその中でJリーグが発足し、さらに世界を見据えたとき、ヨーロッパと同様にクラブチームを組織し、競争していかなければならないという方向になって行きました。今は、まさにその途中にあると思っています」
Ｊリーグの入会条件のひとつに、クラブの経営状態、チームの戦力、観客数などとともに、選手の育成という文言が記されている。中にはＦＣ東京のように、第４種となるジュニアチームを持たず、スクールで代替しているクラブもあるが、第３種のジュニアユース、第２種のユースチームは傘下に設置が義務づけられている。中村も「僕が子どものころは、名の知られたクラブチームといえば、読売クラブと三菱養和ＳＣくらいでした」と当時の育成事情を説明する。

高体連のチームの歴史と比較すれば、明らかにクラブチームは後発の組織である。だが、この30年近くで、環境、組織、指導、実力、さらには実績でも、高体連のチームを大きく上回る成長を遂げている。その証拠に、10月にブラジルで開催されたＦＩＦＡ Ｕ-17ワールドカップの日本代表に招集された選手は、21人中18人がクラブチームの所属。一方、高体連のチームから選ばれた選手は、わずか３人である（ｐ２３９、表⑬）。それだけクラブチームの隆盛は際だっているのだ。ちなみにＦＣ東京Ｕ-18からは、ＤＦ角昂志郎とＧＫ野澤大志ブランドンの二人が選出された。

トップチームで戦える選手を育成するため、個の能力を重視する

ＦＣ東京Ｕ-18のチームコンセプトとはどのようなものなのだろうか。

「これは当たり前のことですが、まずはトップチームで通用する選手を育てることになります。そのためどちらかと言えばチーム作りというよりも、個の能力を高めることに力を注いでいます。そしてこれも当然ですが、このグループの中で認められた選手がトップチームに昇格することになります。ただ、U－18からトップチームに昇格することができなかったとしても、プロを目指している選手たちが集まってきているので、大学を経由して再びプロを目指そうとする選手も多いです」

またFC東京のアカデミーだけに、選手の指導においては次のようなことが指標となる。

「チームによって求められる選手の特長や能力というものは多少異なると思います。FC東京の場合、トップチームには個々の能力が高い選手が非常に多い。そうした意味では、サッカーにおけるバランス能力はもちろんのこと、技術的にも肉体的にも優れている選手がトップに昇格できる傾向にあります。だから、僕らが指導するU－18では、トップチームが求めるテクニックやフィジカルをいかにして身につけさせるか。またトップチームに昇格した後、どのくらいのレベルの選手に成長できるのかが焦点になります」

現在、FC東京のトップチームは、長谷川健太監督が指揮を執っている。その長谷川監督が、どういったサッカーを指向し、どういった選手を求めているのか。この点は常に把握しておく必要があるという。

「ユースの選手たちにとっても、トップチームが分かりやすい目標になりますよね。例えば、トップチームの2トップを見たら、『（永井）謙佑はこれだけのスプリント回数を記録しているよね』『ディエゴ（・オリヴェイラ）はこれだけ得点をとっているよね』と分かりやすく、選手に求めるプレーを説明することができます」

U－18の選手たちにとっても、今の自分に何が足りず、何を身につけなければならないのか、また何を伸ばさなければいけないのかが明確になると言えるだろう。そうした具体的な目標や指標は、トップチームを持たない〝高体連〟のチームには日常において意識しづらい、Jクラブユースの強みだと言えるだろう。そこが〝クラブ〟の魅力でもあると中村は理解しているからこそ、さらなる課題も口にする。

「トップチームの選手が指標になるからこそ、もっと身近に、頻繁に、トップチームの選手のプレーを見る機会を作れればと思います。U－18の練習はそれぞれ学校が終わってから集まって行うため、どうしても夕方からの練習になる。週末にも試合があるので、なかなかトップチームの試合や練習を見る機会を作ってあげられないのが現状としてはあります」

中村がそう発言するのには理由がある。

「2018年にトップチームに昇格した原大智も、U－18に所属していた17年にも、2種登録選手として、U－23の試合に出場していたんです。高校生にしてJ3の舞台を経験したことで、さらにスプリントするようになり、得点を決めた（18試合5得点）。当初はフィジカル的にも弱かったのに、試合を経験することで逞しくなっていった。それだけ、より高いレベルの環境は、選手にとってプラス材料になるということなんですよね」

また、FC東京U－18のコンセプトであり、チーム作りの在り方を聞いていく中で、興味深かったのは、中村の次の発言である。

「それほど、戦術に特化した練習はしていないですね。取り入れたとしても、基本的なグループ戦術くらい。それ以上に、個の強度を上げていくトレーニングが多いと思います。練習は全員が一緒に行いますが、それぞれに課題や特徴は異なります。誰かに合わせた練習をするわけではないですが、個の能力の向上に取り組むためオーソドックスな練習が多くなるんです」

そこには、FC東京U－18がプリンスリーグや東京都1部リーグで勝利すること、優勝することが目的ではないということが見て取れる。選手たちが目指すのは、あくまでトップチームに昇格することである。だからこそ、チームではなく個にスポットを当てる。これはJリーグのアカデミー全般に言える傾向かもしれない。また、高体連のチームとは大いに異なる点ではないだろうか。

「プロになるために必要なものを、どのタイミングでどのように身につけていくか。テクニックやフィジカルも大事ですが、メンタルも欠かせない。プロとしてプレーしていく心構えをしっかりと身に付けていかなければならない。僕自身、指導者として育成年代に十数年携わらせてもらっていますが、プロで活躍できる選手、日本代表まで登り詰めた選手を見れば、そうしたメンタル面の強さを持っています。メンタル面に関しては、自分自身の現役時代の経験、指導者としての経験を踏まえて、多角的に考えながら指導を行っています」

選手個々に目標設定をして、メンタル面の指導も定期的に行う

Jクラブユース出身の選手と高体連出身の選手を比較したとき、前者はエリート街道を歩んできたために挫折を経験していないことから逆境に弱いと言う人もいる。

「確かにJクラブユースは、地元のクラブでトップにいた選手たちが集まってきているだけに、挫折を経験していない選手は多い。プライドが高いという一面もあります。ただ、そうした選手に気づかせる方法はいろいろとあるんです。例えば、現役を引退したばかりの頃は、実際に自分がプレーすることで選手に足りないところを示すことができた。これもひとつの手段ですね。また、トップチームの練習に参加させるというのもひとつです。ただ、そこで何かを感じる選手と何も感じない選手がいるのは、高体連でもクラブでも一緒だと思います。高体連でもスーパースターと言われていた選手が、プロで活躍できなかった例はいくらでもありますから。要するに大事なのは、その選手が何を考えどう取り組むかだと思います」

高体連のチームは選手と指導者の距離が近く、チームの絆が強いと言われている。選手の生活面のケアも細やかにできることから、指導者たちは、逞しさや社会人になってからの厳しさを教えることができる。実際、本書に登場した流経大柏の本田裕一郎監督も前橋育英の山田耕介監督も、そこを高体連の強みとして挙げていた。

ただ、FC東京も育成において、選手の人間性を軽視しているわけではない。むしろ重視しているからこそ、定期的に面談を行い選手個々の目標設定を定めるなど、さまざまな取り組みをしている。

「今、FC東京では、選手たちにIDPシートといって、3～4カ月ごとに個人の目標設定を書いてもらい、実際にその目標に対して取り組めているかどうかを判断し、面談もしています。目標を書いただけで終わってしまうのではなく、設定したからには責任を持って実行していく。また、指導者である僕らも目標が達成できるように働きかけていく。このIDPシートに関しては取り入れたばかりなので、チームとしても選手たちとともにうまく活用していけるように取り組んでいるところです」

IDPとは「インディビジュアル・ディベロップメント・プラン」の略で、個人の能力開発の計画を設定するものである。今日、さまざまな企業で採用され、業務目標とは別に個人のスキルや知識の向上を目的として取り入れられている。そうした選手個々の成長に目を向けた施策にも

FC東京では力を入れているのである。

「ただ、選手たちにとって一番良いのは、トップチームの選手を見て今の自分に何が足りないのか、逆に何が勝っているのかを感じながら、練習に本気で打ち込むことだと思うんですよね。このことは、面談などで選手たちにも話すのですが、クラブの良さと言えば、そこが一番なのかなと。小学生のときや中学生のときにうまい選手のプレーを見て、自分もああなりたい、こうなりたいと思ったように、憧れや目標が自分自身の成長の糧《かて》になる。そうした環境を完全には作れていないことが、現時点でのFC東京のアカデミーの課題、そしてさらに成長させることのできるポイントだと思っています」

プロに必要な向上心や人間性を重視する指導方針

高校の部活動は、学校内の人間関係を部活動にも持ち込んでしまう。一方で、学校とは異なる場所で練習に励むことのできるJクラブユースの環境を、メリットとして捉えることもできる。

「監督、コーチが学校訪問を行うなど、選手が通っている高校とも連携しているのですが、学校生活とクラブでサッカーをしているときとで、違う一面を見せる選手もたくさんいるんです。部活動は学校生活の一部なので、クラスの友だちといるときと同じ顔が部活動にもそのまま反映される。一方で、クラブチームでは違う自分を作り出すこともできるわけです。もちろん学校では人気者の選手が、クラブでは消極的になってしまうというケースもあるかもしれません。でも、ここはあくまでサッカーをする場所。サッカーがうまければ、自分の立ち位置や存在意義を高めることもできる。実際、僕自身がそうだったんです（笑）。読売クラブに入った当初、クラブでは実力的にも自分が一番下にいました。でも、地元や学校の中でサッカーをすれば一番うまい選手として見られ、自信を取り戻すことができた。クラブでも、少しずつ認められ力をつけていくことで、自分の立ち位置も変わっていきました」

Jリーグのアカデミーは、あくまでサッカーをする場所である。中村自身もまた、サッカーで読売クラブ内での存在感を高め、チームメイトとの関係性を築いていった。プロとしての向上心や人間性を重要視しているのも、そんな自らの経験による部分が大きいという。中村が学校訪問を行っているのは、そうした人間教育の部分にも着目しているからである。

「いまは、いろいろな育てられ方をしている子どもが多いように感じています。おそらくいろいろな考え方を持っているのは、親も一緒ではないでしょうか。学校の在り方も変わってきて、以前は学校で教育できていた部分ができなくなっていることもあるように思います。それだけに、クラブで補わなければならないところも当然増えてくる。だから、10年前よりも確実に、今のほうが人間教育に力を入れています。プレースタイルがそれぞれ違うように、選手もそれぞれ。こちらが何も言わなくても気づく選手もいれば、『1から10』まで言っても同じことを繰り返してしまう選手もいますから（笑）。高校生と言えば最も多感な時期でもあるので、道をそれそうになる選手もいます。でもそのときは、『本当にサッカーが一番なのか』と聞くんです。冷たい言い方をすれば、ここは学校ではないので、辞めたいのであれば辞めたっていいわけです。でも、選手がそうならないように、一生懸命練習に取り組める環境を作るために、私たちはいますし、そのためにサポートもする。それでもそれてしまうのであれば、最終的には本人の意志に任せることになりますけれどね」

そう持論を語ってくれた中村の日は、まるで高体連の指導者のようだった。

学校も社会もサッカーも共通するところは多い。だから、多くの保護者は、子どもに団体行動のすべを、協調性を、そして競争力を養ってほしいと思いスポーツをやらせているのではないだろうか。その思いは、子どもが成長して高校生になっても、変わることはないはずだ。

「選手たちにはいつも、前向きにサッカーをしてもらいたいと思っています。でもトップチームに行けばなおさら競争はあるし、ケガをすることもあるかもしれない。それこそ監督から評価されないこともあるでしょう。そうしたときに対応できる人間になってほしいという思いはあります。だから選手たちには不満や文句があればどんどん言ってほしいと伝えているんです。疑問があれば聞くのは当然だし、気に入らなかったら食ってかかってきてもいいとすら言っているんです。その都度、話し合って解決していければいいかなと」

ユース年代でJ3リーグの公式戦が経験できる強み

本書にも登場した流経大柏や前橋育英、さらにはプレミアリーグを戦っている青森山田を筆頭に、強豪校と呼ばれる高体連のチームには100人以上もの部員が所属している。そういった状況が選手たちのハングリー精神を養い、向上心を芽生えさせているとも言われている。一方、一学年15人前後で、全体でも50人に満たない少数精鋭のJクラブユースは、そうした競争意識が乏しいとする見方もある。

だが、実際はJクラブユースほど厳しい環境はないともいえる。トップに昇格できる人数は、ひと握り。一学年において多くても数人という狭き門である。FC東京も、2017年に岡崎慎を筆頭に4選手が、18年には原大智や品田愛斗がU－18からトップチームに昇格しているが、年によってはひとりも昇格対象者がいないこともある。なおかつFC東京ではJ3を戦うU－23、プリンスリーグを戦うAチーム、東京都1部リーグを戦うBチームと、大きく3つのカテゴリーに分かれて試合を行っている。それだけに、チーム内には自然と競争がある。

「同じメンバーで試合をすることは、ほぼゼロに近いと思います。週によってはJ3に出場する人数も異なります。Aチームの選手がJ3に出場することになれば、Bチームの選手が引き上げられてAチームの試合に出場することになる。そこで活躍すれば評価も変わりますし、常にチャンスは転がっています」

ＦＣ東京の特徴はＪ３リーグで戦ってるＵ－23を有していることだろう。ガンバ大阪、セレッソ大阪とともに３チームのみが、セカンドチームのＵ－23を設け、Ｊ３に参戦している。Ｊリーグ創設時には、サテライトリーグが存在し、公式戦に出場できない若手選手たちの貴重な実戦の場となっていた。しかし、09年に中断されると、若手選手たちは一気に出場機会を失うことになった。若手の育成に力を注ぐ日本サッカー協会とＪリーグは、14年にＪ３が創設されると、Ｊリーグ・アンダー22選抜チームの参加を決定。各クラブに所属する22歳以下の選手をその都度招集して即席でチームを作り、公式戦を経験させてきた。だが、この試みも2年で廃止される。14年からは、Ｊ１・Ｊ２のセカンドチームをＪ３に参加可能にすることを要綱に加えた。が、クラブにとってトップチームを２つ持つということは遠征費などを含め莫大なコストがかかる。そのため現時点で参戦しているのはＦＣ東京を含めた３チームだけだ。

ＦＣ東京Ｕ－23の活動を開始してから、19年シーズンで４年目。同チームでのＪ３の試合には、トップチームの選手だけでなくアカデミーに在籍している選手も数多く出場機会を得ている。ユースの指揮官にとって、その効果と成果をどのように感じているのだろうか。

「Ｕ－23のチームで試合に出場し続けた選手というのは、やはり個の力が上がります。Ｕ－18のチームで同世代と戦っているより、はるかに成長するように感じますね。技術的なレベルで言えば、J3と高校生のレベルはそれほど大きくは変わらないかもしれません。でも、試合の強度が全く違います。フィジカル、ボールスピード、これは高校生の試合とは明らかに差がありますよね。だから、U－18の選手がJ3リーグに出始めたころは、試合についていけないケースが多いのですが、それも試合を重ねるごとに通用する部分が増えていき、落ち着いてプレーできるようになっていく。そうした経験をして感じる力がある選手の伸び率は高いです。ただ、試合に出ているだけの選手では、J3の試合に出場したからといって得るものはそれほど大きくはないんです。結局ところ、個人が何を感じ、何を得たか。そこに尽きると思います」

Jクラブユースでプレーできているからといって、そこに胡座《あぐら》をかいてしまえば、それ以上の成長は望めない。重要なのは、今の自分に何が足りなくて、何を身につける必要があるのかを判断できる客観性と、それに取り組むことのできる行動力ではないだろうか。

ただ、Jリーグのアカデミーには、さらに言えばU－23チームをも有しているFC東京には、そうした気づきや発見をする環境が身近にあるということだ。

レベルの高い選手が集まり切磋琢磨するU－18の練習もそのひとつ。身近に存在を感じることのできるトップチームの選手たちもそのひとつ。認められれば、高校生のうちにトップチームの練習に参加し、プロの空気を感じることもできるのだ。さらには、U－23のチームのメンバーに入れば、J3の選手たちと試合をすることもできる。しかも、それは練習試合ではなく、公式戦だ。それは、同世代の選手としか公式戦をする機会がない高体連のチームよりも、多くの経験と財産を得ることができる。それこそが、育成機関からトップチームまでが線でつながっている、Ｊクラブチームの特徴と言えるだろう。

技術は各段に向上しているが、逞しい選手が減ってきていると実感

中村は高校サッカーが主流だったかつての日本において、クラブチームでサッカーをすることを選択した。そして指導者となり、徐々にＪクラブユースが台頭していく時期を経験してきた。その中村にとって、高体連の強みや特徴はどのように映っているのだろうか。

「高体連の選手たちは学校も部活も一緒だからか、チームワークが良く元気な印象を受けます。うちの選手たちも仲は良いのですが、高体連の選手たちにはパワーを感じますね」

そこには、自身のユース時代の経験が多少なりとも影響しているようだ。

「自分の時代はクラブチームが高体連のチームに負けるということは、プライド的にも恥ずかしいことだったんです。クラブチームが少なかったこともあって、やはり自分たちが一番うまいという自負がどこかにあった。それだけに、高体連のチームに負けたくないというプライドと、選手権に出場したくらいで浮かれている選手たちに負けたくないという思いが、ものすごく強かったんです。今は、そうしたクラブユースのプライドをあまり感じなくなりましたね。時代が変

わったと言われればそれまでなのかもしれませんが、高体連のチームに負けたくないという思いを感じる機会は少ない。逆に、高体連のチームにはJクラブユースに負けたくないという意識が強くあり、それがパワーになっているように感じます」

中村の時代と比較すれば、真逆の状態である。

「個人的には、それが悔しいという思いはあるので変えていきたいですよね。だからうちの選手たちにも、さらにパワーを出して元気にサッカーをやろうと訴えてもいますし、そうした選手を育てていきたいという思いもあります」

かつてクラブユースと高体連のチームが合同でフェスティバルを開いたときには、どのグループでも高体連のチームが1位になり、FC東京を含めたJクラブユースのチームは軒並み2位以下に甘んじたことがあったという。

「そのとき、単純に技術だけではない何かを強く感じました」

それこそが、高体連の指導者が言う勝つことへの執念や執着、そして厳しさなのかもしれない。目に見えるもの、数字で計れるものではないが、中村も確かに感じ取っていた。

また、2004年に京都パープルサンガ(現・京都サンガF.C.)で現役を引退後、長く育成年代の指導に携わる人間として、日本サッカーが抱えている課題をどのように見ているのだろうか。

「これは、もしかしたら自分自身が矛盾しているのかもしれませんが、今、確実に海外でプレーしたり、海外で活躍したりする選手は増えていますよね。一方、現場で指導している身としては、選手たちに逞しさが足りないという実感があるんです。実際、日本では学校でもプライベートでも競争する機会が限られてきている。もちろん逞しい選手もいるにはいるのですが比率で言えば減ってきている印象を受けます。そうした中で、でも、日本のサッカー界を見渡せば、若い選手たちがどんどんヨーロッパに進出している。そこが、現場の感覚と、実際に起きている現象とでは矛盾があるというところなんです」

かつては所属するJリーグのクラブで、レギュラーとしての地位を確立し、エースとして扱われるようになって、初めて海外でプレーしたいという思いを言葉にでき、そして挑戦することを許されたような時代もあった。だが、今ではプロを目指す誰しもがヨーロッパでプレーしたいと口にする。また実際にはJリーグで結果を残さずとも、世界の舞台に挑戦する権利を得られるようにもなってきている。

見方を変えれば、世界で活躍する日本人選手が増えれば増えるほど、日本の育成が評価されているということにもなる。これは日本のサッカーが次のフェーズに移行しているのか、それとも一過性のものなのか。中村が感じている矛盾の答えが出るのは、もう少し先のことなのかもしれない。

トップチームに憧れて、優秀な人材が集まってくることがクラブの理想

FC東京U－18に所属する選手たちの顔ぶれを見て、興味深かったことがある。それは彼らのキャリアだ。2019年度は45人が活動しているが、そのほとんどが下のカテゴリーのU－15深川、U－15むさしでプレーしていた選手。ユース年代からFC東京でプレーを始めた選手は10人にも満たない。

中村にそのことを尋ねると、深くうなずいた。

「U－18は、学年によって外部から加入する選手が0人ということもあります。うちのアカデミーの基本理念として、東京近郊に住む選手を育てて、U－18、さらにはトップチームへとつなげていくというコンセプトがあります。また、スカウティングもしっかりと行っているので、才能のある選手がU－15深川、U－15むさしに集まってくる流れは作られていると思います。そのために、FC東京はジュニアチームを所有せず、スクールを展開し、各地域の指導者と連携をとっているということもあります」

こうした動きは、FC東京だけにとどまらず、Jリーグの各クラブに見られる傾向である。地方のクラブは、ユースでも他県や他地域から選手を加入させることもあるが、関東近郊や関西近郊の大都市圏では、ジュニアユース、ユースと同じクラブで成長過程を歩む選手は増えてきてい

る。そうした傾向を踏まえると、ユースに加入する段階で、すでにある程度の線引きはなされているということになる。むしろ、子どもの進路を左右するうえで重要となるのは、ジュニア時代なのではないか。冷静に見れば、小学生から中学生に進むタイミングで才能の有無は判断されているということになる。もちろん、成長には個人差があるので、一概に決めつけることはできないが……。

ジュニアユース時代からFC東京でプレーする選手が多いことを受け、そうした状況を維持し続けるためにも中村はこう語る。

「常に優秀な子どもたちが集まってくるためには、トップチームが強くて、憧れる存在であり続けることですよね。ここにはプロを目指して来る子どもたちばかりですし、トップチームが強ければ、ここでプレーしたいという思いは強くなる。もうひとつは、育成組織出身の選手がトップで活躍していれば、子どもたちはトップチームに昇格できる可能性が高いと感じるようにもなる。だからアカデミーで育った選手がトップチームで活躍する状況を数多く作りたいですよね。トップチームに昇格させるというだけでなく、そこで活躍できる選手を増やしたいんです。育成の指導者としては、トップチームのピッチに立つ11人のうち半分の5〜6人はアカデミー出身というのが理想。そうなったとき、はじめて育成型のクラブと胸を張って言えるのではないかと思います」

ただ、FC東京のアカデミーも、ユースチームが発足して20年強である。100年以上の歴史を誇るヨーロッパが今も進化を続けている現状を見ると、まだまだ日本も、そしてFC東京のアカデミーにも改善すべき課題はあることだろう。

「クラブの魅力を整理すると、幼いころからレベルの高いところでプレーし、小学生から見たら中学生が、中学生から見たらユースが、そしてユースから見たらトップが手の届くところにあるという環境だと思います。子どもから大人までが同じ空気を吸い、同じ場所でプレーし、同じサッカーを共有していく。これこそがクラブで育つということ。そうした意味では東京都は、場所も含めて難しい課題を抱えている。育成の方針や環境においても改めて取り組んでいる段階にあるので、時間を掛けていい方向に変えていくことができればと思います」

一つ言えるのは、日本サッカーもJリーグも発展途上だということだ。それは、選手の育成に関しても同じことが言える。問題をひとつずつ解決し、前に進んでいく。その先に日本の、そしてクラブとしてのオリジナルができあがっていく。今は、その道を歩んでいる過程なのである。

第5章

Jクラブユースの指導者に聞く②

柏レイソル　アカデミーダイレクター兼スカウト

渡辺 毅

「大事なのは、私たち指導者が成長することを止めないということ。高体連でもJリーグのクラブでも、指導する立場にある私たちが新しいことを学び、吸収しようとしなければ、選手たちの成長を止めてしまうんです」

わたなべ たけし／1972年9月10日、静岡県出身。藤枝東高校から中央大学に進学。卒業後の95年に柏レイソルに入団。以降、2004年までレイソル一筋でプレー。その間、リーグ戦出場は281試合で17得点を記録。99年のJリーグカップ決勝ではMVPに輝いている。日本代表としては国際Aマッチに1試合出場。引退後は同クラブのアカデミーで各カテゴリーの監督、コーチを歴任。17年には現職であるアカデミーダイレクターに就任。スカウトも兼務している。

育成年代の〝何でも屋〟を自認するアカデミーのダイレクター

Jリーグが発足した1992年以降、この27年あまりでJクラブユースは、着実に組織力を向上させ、育成年代における環境整備と指導において目に見える進歩を遂げてきた。高体連の強豪チームが今では人工芝の専用グラウンドを持ち、クラブハウスまで構えている現状は、Jクラブのアカデミーの練習環境の充実が刺激になっているとも言えるだろう。当然、逆もしかりである。特にJ2やJ3に所属するクラブ、さらにはそのアカデミーが活動する環境は、未だに整っていないところも多い。高体連の強豪校と呼ばれるチームのほうが、Jリーグクラブのアカデミーより施設、設備ともに恵まれているケースもある。また、サッカーの本場・ヨーロッパと比べたとき、グラウンドの実数や天然芝グラウンドの整備といった環境面の改善も、今後の日本サッカー界の課題と言えるだろう。

そうした意味では、19年シーズンはJ2を戦っている（取材後の19年11月16日にJ2優勝を果たし、20年のJ1昇格を確定させた）とはいえ、11年にはJ1優勝を達成している柏レイソルは国内でも優れた〝環境〟を有するクラブと言える。

ホームの三協フロンテア柏スタジアムは、1万5109人収容と、ややこぢんまりした印象だが、自前のサッカー専用スタジアムである。ピッチと観客席の近さは国内屈指。観戦時の迫力は、レイソル戦の魅力のひとつだ。そのスタジアム内にはオフィスもあり、フロントスタッフもここに勤務している。バックスタンドの裏手には練習場を完備し、天然芝と人工芝のグラウンドがある。トップチームのクラブハウスも同敷地内にあり、そこにはトレーニングルームもあれば、食堂も併設されている。Jリーグクラブのなかには、選手たちが活動するグラウンドと、フロントスタッフが働くオフィスが離れているところも多いだけに、すべてがホームスタジアム周辺に集約されていることで一体感を作り出すことができている。

そのグラウンドで、レイソルの選手たちはトップチームからアカデミーまでもが活動を行っている。まさに、下の世代が上の世代の存在を身近に感じ、成長につなげられる環境がレイソルにはある。そうした強い一体感のもと、クラブを経営してきたレイソルは、選手の育成分野においても、今日まで目に見える実績を残してきている。

そのレイソルアカデミーはいかなる方針・理念のもと、選手の育成を行っているのだろうか。現場の指導者ではなく、育成年代全般を統括するアカデミーダイレクター（スカウト兼務）の渡辺毅に話を聞いた。

まずは彼のキャリアについて簡単に触れておこう。高体連の名門・藤枝東高校サッカー部から中央大学に進学。その後同大学を卒業して95年にプロになった渡辺は、現役を引退する04年まで、レイソル一筋でプレー。引退後はスクールのコーチに就き、育成年代における指導者としての道を歩み始めた。

「その後、レイソルのアカデミーで、ジュニアとジュニアユース、そしてユースと、それぞれのカテゴリーでコーチとして指導を行ってきました。ジュニアとジュニアユースでは監督を務めた経験もあります。15年には短期間ですけど強化部長を務めました。そのシーズン途中に再びアカデミーの仕事に戻り、現在はアカデミーダイレクターの職に就いています。スカウトの仕事も兼ねているので、何でも屋みたいなところもありますけどね（笑）」

レイソルU－18から大学に進学した選手のプレーを継続的にチェックするため大学サッカーの試合に足を運んだり、ジュニア年代のスクールのサポートをしたりと、まさに育成年代の〝何でも屋〟と言えるかもしれない。そんな渡

スタジアムの1階部分にフロントスタッフが働くオフィスがある

辺に育成年代の選手たちを指導することの醍醐味を聞いてみた。

「成長の幅が大きいところでしょうね。トップチームの選手はある意味、完成されているじゃないですか。でも育成と言われる年代の選手たちは、僕らのアプローチ次第でいくらでも変化するし成長もしていく。トップチームに求められる勝敗とは違った意味での責任があるわけですが、そこにやり甲斐はたくさんありますよね」

トップチームを頂点とするレイソルにおいて、その下に位置するアカデミーは、「U−18」「U−15」「U−12」と分かれている。それぞれのカテゴリーに監督とコーチはいるが、19年からはアカデミーヘッドオブコーチとして岩瀬健が就任。各カテゴリーの指導方針などを取りまとめている。渡辺はアカデミーダイレクターとして、それら全体をまとめる立場にある。

「組織的には、トップチームとアカデミーを含めたGM（ゼネラルマネージャー）として布部陽功がいて、その下に私や岩瀬が専任として各分野を取りまとめ、指導者の指導、さらには選手の成長というところに目を向けて活動しています」

レイソルでは勿論、世界でも活躍できる選手を育成するのがクラブの指針

トップチームは現在、ネルシーニョ監督のもとJ2を戦っているが、トップチーム、アカデミーを含め、布部GMが全体を統括し、クラブとしての方向性を位置づけている。その組織のな

かで、育成という重要な部分を担うアカデミーは、どのような活動方針と指導理念を持っているのだろうか。

柏レイソルアカデミーの理念としては、以下の4つの項目が掲げられている。

●将来、柏レイソルの軸となる選手の育成
●世界で活躍できる選手の育成
●サッカー界で活躍できる選手（人間）の育成
●社会に貢献できる人間の育成

トップチームに多くの選手を輩出することを目的にしているJリーグの育成組織であれば、「将来、軸となる選手の育成」は、どのクラブにも当てはまることだろう。また昨今、クラブチームも重要視する「社会に貢献できる人間の育成」という理念は、言葉こそ違うだろうがどのクラブも強化の視点として持ち合わせているはずだ。

「レイソルでは、トップチームを頂点に、高校生から小学生までの選手たちが活動しています。クラブとして、全体に共通する柱であり軸となるようなものはこれまでもあったのですが、指針を明確にすることができていませんでした。今、トップチームをネルシーニョ監督が率いていますが、彼もよく口にする『VITORIA』（ポルトガル語で勝利の意味）。これをすべてのカテゴリーでも追求していこうと考えています。言葉の意味としては勝利となりますが、何もそれはチームが勝つことだけを指すものではありません。目的に向かって勝利を目指していく、個人の成長という勝利に向かって練習に取り組んでいく。そうしたさまざまなことに対する〝勝利〟を意味して『VITORIA』を追求しています」

4つ掲げられている育成理念の中で筆者が気になったのは、「世界で活躍できる選手の育成」という項目だった。レイソルで活躍することを目的としている一方で、さらにその先このクラブを巣立った後のことまでを見据えているということになる。

「今の日本サッカー界を見渡してみても、年齢の若い選手たちがどんどん世界へと飛び出していますよね。そこには、ヨーロッパの方がリーグとしてのレベルが高いという現状があります。アカデミーの選手たちもヨーロッパのトップリーグでプレーした方が成長する可能性が高いと思っている。本音を言えばレイソルでプロになり、ここの中心選手としてずっと活躍してほしいですが、選手たちが夢や野望を抱くのは仕方がないこと。実際、今の子どもたちに将来の夢を聞けば、全員が全員、世界でプレーしたいと言いますからね。今やそれが日本のスタンダードになってきているということでもあるんです。そうした現状を考えると指導するこちらから、『ずっとレイソルでプレーしろよ』なんて、とてもじゃないですけど言えないですよね（苦笑）。だからこそレイソルの先、世界に出て行っても通用する選手をという視点も生まれるんです」

実際、レイソルからヨーロッパに挑戦した選手としては、アカデミー育ちの酒井宏樹（オリンピック・マルセイユ）や中山雄太（ズヴォレ）がいる。トップチームから世界に羽ばたいた選手としては、伊東純也（KRCヘンク）や小池龍太（スポルティング・ロケレン）もそうだろう。最近では、レイソルU－18に在籍していたGK小久保玲央ブライアンが、トップチームを経由せずに、ポルトガルのベンフィカに移籍するというケースまで出てきている。

渡辺の口から「世界」という言葉が飛び出したのは、そうしたクラブとしての経験や日本サッカーの流れも加味されたものなのだろう。

同じ敷地内で、ジュニアからトップチームまでが時間を共有できる強み

柏レイソルアカデミーとして、他のJクラブにはない強みはどんな部分なのだろうか。

「やはりトップからアカデミーまで、狭いながらもこの敷地にすべてが集まっているところだと思います。もしかしたら、レイソルの施設を見て、『ちっぽけなクラブ』だと思う人もいるかもしれません。でもそれがうちにとって最大の強みでもあるんです。アカデミーの選手たちが、目の前にあるスタジアムでのプレーを夢見て日々練習をして、時にはトップの練習に呼ばれたり、トップの選手たちがアカデミーの練習に顔を出してくれることもある。その距離感の近さはうち

の最大の強みだと自負しています」

同じ敷地内でトップチームも、ユースをはじめとするアカデミーも練習をしているだけに、別々の場所で練習しているクラブよりも明らかに接点は増える。この点に関しては前章の中村忠FC東京U-18監督も、同様のことを述べている。だが、中村はホームの味の素スタジアムとの距離感、そしてジュニアユースのU-15深川がグラウンドのある小平市から離れていることをあげ、「クラブチームのメリットを完全には生かし切れていない」と残念がってもいた。その理想の環境を柏レイソルは有していると言える。ここには、ジュニアチームの小学生が実際にプロの世界でしのぎを削っているトップチームの選手と顔を合わせ、声を掛けてもらえる可能性がある。ユース年代にもなれば、自然とボランチの選手はトップチームの大谷秀和を意識するようになるだろうし、GKは中村航輔をリスペクトすることだろう。また、実際に手の届くところにいる選手がユース時代はどうだったとか、こんな取り組みをしていたとか、こういう挫折を経験しているといった具体的な話をコーチや関係者から聞くこともできる。

「いつか自分もそうなりたい……」

レイソルアカデミーでプレーする選手たちが具体的なイメージを持てるのは、ジュニアからトップチームまでが同じ施設内で時間を共有できることのメリットと言えるだろう。

「もちろん、トップの練習は基本的には午前中、アカデミーの練習は基本的には夕方からなので、実際に隣で同じ時間帯に練習することはありませんが、それでも土日に練習を見られる機会もある。ホームゲームはアカデミーの選手たちも気軽に見られますし、それだけでも育成年代の選手たちにとっては全然違うと思うんですよね」

ただ、トップチームが練習している姿を見られるだけじゃないか、もしくはトップチームが公式戦を戦う姿を見られるだけじゃないかと感じる人もいるだろう。だが、それがユースをはじめとするアカデミーの選手たちにとっては大きなことなのだ。

日本体育大学柏高校との連携で、相互支援の関係を構築

柏レイソルの育成部門の特長として興味深いのは、日本の高校年代を二極化させている〝高体連〟と〝Jクラブユース〟とを融合した取り組みに着手しているところだろう。

レイソルは、2015年から日本体育大学柏高校（以下、日体大柏）と提携し、相互支援の関係を築いている。

「当初は同じ柏市内に学校があり、練習場にも近いということからレイソルのU-18の選手たちが日体大柏に進学するようになったんです。年々その人数が増えていき、学校とクラブの距離感も縮まってきたんです」

Jクラブユースでも選手の人間教育には力を入れている。アカデミーの活動だけでなく普段の

生活態度や学業成績についても把握するために、定期的に選手が通う学校と連絡を取り合っていることは前章でも触れた。それだけにレイソルU－18に所属する選手が、数多く日体大柏に通うようになると、クラブと学校の関係性も自然と強固なものになっていった。

「そうした流れから話が発展して、レイソルから日体大柏のサッカー部に『指導者を派遣しましょうか』という話になりました。それで現在、U－18でコーチをしている永井俊太が日体大柏のヘッドコーチに就任したのが15年のことです」

そこから月日が経ち、現在の協力体制について渡辺は語る。

「お互いにメリットがあることから相互支

スタジアムのすぐ裏に天然芝と人工芝のフルコートのグラウンドが1面ずつある。筋トレやMTGルームも同じ敷地内にあるので、ストレスなく練習ができる

援の関係性は強まり、現在U－18に所属している41人の選手全員が日体大柏に通っています。学校面でのサポートを受けられるほか、クラブとしてはいろいろな情報共有を密にできる。高体連のチームのメリットとしては、例えば体育科やスポーツ科といったコースであれば、午後の早い時間帯に練習をスタートする学校もあったり、遠征などを公休扱いにしてくれる学校もありますよね。相互関係を結ぶことによって、そうした協力体制を学校には築いてもらっています」

レイソルU－18に所属する41人の選手たちと、日体大柏のサッカー部に所属する選手たちとが一緒に練習をする機会はないというが、学校生活においてはともに同じ校舎で授業を受けている。また、日体大柏のアスリートコースに通うレイソルU－18の選手たちは、水曜日と金曜日の週2回午前中で授業が終わり、午後を練習の時間に充てることができるという。基本的に平日は、16時30分から練習をスタートさせるが、午前中で授業が終わる日は、早い時間から筋力トレーニングなどを行い、有効に時間を使うことができる。これは日中に練習をする時間を作れるということに加え、選手にとっては身体を休める時間を確保することができるというメリットがある。

「高体連のチームのメリットとして、同じ敷地内で授業も部活も行われている学校が多いということが言えますよね。移動時間が少なくてすむために早くから練習を始めて、早く家に帰って回復に充てる時間を確保することができる。クラブユースの場合、それぞれが違う高校に通っていれば、授業を終えて練習場に移動する時間も考えなければならないですし、練習を終えて帰宅するまでの移動時間もかかる。そうなると選手たちは、休む時間を確保することがなかなか難しいですよね。近くの学校に通うことで、早い時間に練習をできていることは選手の身体づくりにも大きく影響していると思います」

例えば、土曜日にリーグ戦が組まれていたとする。金曜日に午後の授業を終えて練習を開始すれば、終わるのは夜になってしまう。ユース年代の試合は昼間に行われることが多いため、試合開始までの時間はかなり限られてくることになる。

ユース年代の選手は、若いとはいえ、短時間で肉体を回復させコンディションを整えるのは決して容易ではない。昨今、練習時間の短縮や休養の重要性が叫ばれているように、ケガや体調不良のリスクを軽減するためにも身体を休める必要がある。学業という本分もあるため、勉強をおろそかにするわけにもいかない。少しでも早い時間に練習を終えるという配慮があるだけでも、選手たちの身体にかかる負担を緩和することができるだろう。

レイソルU－18がユース年代における最高峰と言われるプレミアリーグに、14年以降、ずっと在籍し続けている秘密は、そんな選手への配慮があるのかもしれない。

柏レイソルとの連携で、日体大柏サッカー部も33年ぶりの全国大会出場を果たす

一方の日体大柏のサッカー部にもメリットは大いにある。渡辺が先に挙げたように、そのひと

つは指導者の派遣である。
「練習は別々に行っていますが、指導者は今では2人派遣しています。監督の酒井直樹とコーチの根引謙介が日体大柏の指導に当たっています。それ以外にも、日体大柏のサッカー部の1年生には、うちのグラウンドに来てもらって、アカデミースタッフによる練習を行ったりもしています」

柏レイソルから指導者を派遣することによる効果は、日体大柏サッカー部の成績にも如実に現れてきている。2019年のインターハイにおいて、県予選を勝ち抜き全国大会の切符を手にしているのだ。しかも、県予選の準決勝で市立船橋を1－0、決勝では流経大柏を4－3で破り、出場権を勝ち取っている。それは日体大柏にとって、実に33年ぶりの全国大会出場であり、提携から約5年で早くもひとつの成果を出したといえる。

また、これは余談だが、流経大柏との決勝戦では、会場となった千葉県旭市にある東総合運動場までレイソルU－18の選手たちが応援に駆けつけたという。流経大柏に競り勝てた要因としては、そうした後押しと声援も大きかっただろう。また、そのお返しではないが、プレミアリーグEASTの上位決戦として注目を集め、CS放送でも生中継された「柏レイソルU－18（当時2位）対青森山田（当時1位）」との一戦に、今度は日体大柏のサッカー部の選手たちが応援に駆けつけている。一緒に授業を受けているクラスメイトという絆も背景としてはあるが、まさにクラブと高体連の垣根を越えた交流の証とも言えるエピソードだ。

さらにもうひとつ、お互いに提携することによる相乗効果、メリットはある。

それが選手間の〝移籍〟である。日本大柏で評価を高め、能力を認められれば、レイソルU－18でプレーする機会が与えられるということもあるのだ。

「まだそれほど多くはありませんが、17年にもGKがひとり、日体大柏のサッカー部から、レイソルU－18に移動して、プレーすることになりました。こうした選手間の交流が頻繁にできるようになれば、何かと比べられがちな高体連とJクラブユースといった図式を変えたり、取り除いたりすることができるかもしれません」

高校年代でのチーム移籍を可能にする画期的な試み

プロの選手は出場機会を求めて移籍したり、才能を評価されてより強いチームに移籍する機会はたくさんあるが、ユース年代においてはそうした事例はまれである。そこには、育成年代のスポーツ活動が学校教育と深くつながっていることが影響している。高校のサッカー部に特待生や推薦で入学した選手が、途中でクラブチームに移籍するとなれば、なかには転校を余儀なくされることもあるだろう。また、クラブチームから高体連のチームに移籍する場合も、新たな高校に編入しなければならないというハードルがある。ただ、レイソルと日体大柏の場合は、相互関係を築いたことでこうしたチーム間の移籍が可能になった。日体大柏のサッカー部で活躍し能力を認められれば、レイソルのU－18に加入するチャンスを勝ち取れる可能性もあるのだ。

こうした取り組みはほかの高校でも行われている。もっと積極的なのは、柏レイソルと同じ千葉県内にある県立幕張総合高校だ。同校では、幕張総合のサッカー部を母体にFC MAKUHARIというクラブチームを立ち上げている。そこでは、1年ごとに選手が高校のサッカー部と、クラブチームのどちらかでプレーをする選択ができるというのだ。要するに選手が、自分のレベルに応じてプレーするチームを決められるのである。ちなみに、2019年においては、幕張総合のAチームは千葉県リーグの2部、Bチームと、FC MAKUHARIのユースチームはともに4部でプレーをしている。

必ずしも選手が成長する過程においては、高いレベルでプレーするのが最善とは限らない。成長の糧となる公式戦に出場することができず、練習しか経験できなければ成長は止まってしまう可能性もあるからだ。J1のクラブに加入したばかりの若手選手が、期限付き移籍でJ2やJ3のクラブへと武者修行に出るように、試合に出られる環境を選択することも、成長のためのひとつの手段である。

「現状、柏レイソルU－18から日体大柏のサッカー部に移籍した選手はいませんが、今後はそうしたことも検討してもいいかもしれないですね。レイソルのU－18、日体大柏のどちらでプレーすることが選手の成長に繋がるかということを、スタッフや選手、保護者で考えてチームを決めていく。両者の間の移籍には転校が伴わない。だからこそ実現可能な話なんですよね」

ただし、日本の育成年代全体を見渡せば、現時点で高校生がチームを移籍するのは難しい。

「現状を言うと、登録制度の規約により4月はチームの変更を認められているのですが、シーズン途中に移籍する場合は、Jリーグのクラブから高体連のチームに移ると一定期間は公式戦に出場できないというルールがあります。そうしたルールに関しても、徐々に変わってきてはいるので、今後はさらに改善されていくのではないかと個人的には思っています」

指導者の派遣だけでなく、選手も行き来できるような体制を築くことができれば、高体連とJクラブユースという形で二極化された育成年代の仕組みに、新たな方向性を提起することができるかもしれない。レイソルと日体大柏の取り組みは、その可能性を切り開く嚆矢となりそうだ。

学校教育が密接に絡む、日本の育成年代が抱えるジレンマ

ここで、学校教育と育成年代のスポーツに関して考察してみたい。日本において、学生がスポーツをする際の拠点として学校は密接に関わってくる。高校教育が3年間であり、部活動もその期間内で活動していることから、必然的にプロサッカー選手を育成するJリーグのユース組織もこの3年間というスパンに合わせなければならない。

「この問題に関しては、Jリーグの会議でも毎回議題にあがります。ジュニアユースやユースにおいても、3年という単位はどうしてもついて回ります。日本では3年という縛りがあり、違うクラブ、学校でプレーをした方がもしかしたら成長できるのでは？　という選手も同じチームで3年間プレーすることが圧倒的に多い。一方、ヨーロッパや南米では短い期間での移籍が頻繁に行われており、それが自然に選手間の競争を促す仕組みになっている。だけど、日本でそうした制度を採用するのはなかなか難しい。このテーマについては、人によっていろいろな見方があるかと思いますが、私個人の意見を言わせてもらえば、やはり日本ではヨーロッパや南米のようにはいかないと思います」

さらに、渡辺は言及する。

「レイソルのアカデミーでは、選手に会費を支払ってもらっています。会費を払ってプレーしてもらっている状況なのに、海外のクラブのようなシステムは作れないですよね。クラブが無料で選手の育成環境を提供しているのであればそれも可能でしょうが、現状ではそれも難しいですからね。今のシステムを変えることを考えるよりも、このシステムを生かし、3年間継続して指導することのメリットを追求することが大事だと思います。最短で3年、ジュニアから数えると最長で10年間、1人1人の選手をじっくりと時間をかけ、サッカー選手、そして人として大きく成長させ、次のカテゴリーに引き渡すことが重要なのです」

海外と比較したとき、同じクラブチームという形態をとりながらも、この点は大きな違いだと言える。なお、海外の育成事情に関しては次章で詳しく述べることにする。

プロになるためには、こうした本場並みの厳しさが必要という意見はある程度理解できるが、選手の保護者の気持ちを考えれば、1年で契約解除される可能性がある環境に子どもを預けるのは心許ないし、それを受け入れろというのは困難だろう。仮に、Jリーグのアカデミーが1年ごとに選手の入れ替えを実施したとすれば、恐らくそのクラブに優秀な選手が集まることはなくなるだろう。やはり現時点では、多くのクラブにとって損失の方が大きくなるはずだ。

また、競争を促すという意味でJリーグのユースチームが、高体連のチームのように、100人も200人も選手を抱えるわけにもいかない。そうするには施設も整備しなければならないし、指導者の人数も必要になってくる。さらに言えば選手全体のレベルにも差が出てくるため、指導内容や方針にまでも影響を及ぼすことにもなる。レイソルU－18が3学年合わせて41人という構成に対して、日体大柏のサッカー部には100人以上の選手が所属しているという。大人数の選手を指導することができるのは、やはり高体連のチームだからこそなせる業でもある。

だからこそ、柏レイソルと日体大柏のような提携や連動は、ユース年代において新たなる可能性を見出す取り組みであると言えるのではないだろうか。

ジュニア世代の優秀な選手たちを獲得するためのレイソルの試み

ユース年代から少し話題はそれるが、柏レイソルはその他のカテゴリーにおいても興味深い取り組みを行っている。それはアライアンスアカデミー（A.A.）というものだ。簡潔に言えば、地域で活動しているクラブチームとの提携である。

「ジュニアユース年代のチームとしては、『柏レイソルA.A.野田』『柏レイソルA.A.長生』『柏レイソルA.A.流山』『柏レイソルA.A.TOR'82』と4チームがあります。他にもアライアンスクラブと呼んでいるのですが、柏市を中心に活動をしている8つのクラブと提携しています」

ユース年代では、日体大柏と提携しているように、ジュニアユースやジュニア年代でも、それぞれ地域のクラブと提携することでスカウティングの間口を広げている。

レイソルアカデミーが、アライアンスグループと組む目的は以下のようなことになる。

〝地域の子どもたちの技術向上やサッカークラブ指導者の方々との交流を深めながら、ともにレベルアップを図る〟

提携したクラブには、レイソルの名前を活用して選手を集められるというメリットもある。また、アライアンスグループを対象にした練習会を行ったり、ジュニアユース、ジュニアの大会を開催したりと活発な交流が行われている。レイソルとしては、そこで育った優秀な選手をアカデミーのチームに加えられるメリットがある。

レイソルのトップチームを頂点としたとき、U－18、U－15、U－12と、構造としてはピラミッドのような図式を連想するだろう。アライアンスグループの各チームは、さらにその下に位置することになる。だが周辺地域に対しては、柏レイソルを中心にして円を描くように、アライアンスクラブであり、各地域のクラブチームが存在しているというのが基本的な考えだ。

地域と連携し、各クラブと提携を強化している理由のひとつとしては、育成年代における選手の獲得競争が激化しているという背景もあるだろう。

「現在、Ｊリーグには J1からJ3まで合わせると55のクラブがありますよね。創設から間もないころはその数も限られていましたし、ジュニア年代のチームの活動を行っていないクラブもたくさんありました。それだけに、かつてはジュニアのチームを作ってセレクションを行えば、自然と選手たちが集まってきてくれるという状況がありました。でも、今はほかのクラブもジュニア世代からの育成に目を向けていて、早い段階から優秀な選手を確保しようという傾向にある。さらに柏市の周辺地域を見渡せば、関東には、横浜F・マリノスや東京ヴェルディ、ジェフ千葉、浦和レッズ、大宮アルディージャ、鹿島アントラーズなど多くのチームがジュニア組織を持っています。そうしたクラブとも、我々は競争していかなければならない状況になってきているんです」

セレクションはもちろん、スカウティングにおいても選手が若いときから声を掛け、自分のクラブでプレーをしてもらう必要性が生まれているのだ。

それはレイソルU－18で活動している選手たちのキャリアを見れば一目瞭然だろう。かつて、レイソルU－18を経てプロになった武富孝介（浦和レッズ）や中川寛斗（湘南ベルマーレ）らが埼玉県出身であるように、他県から通ってくる選手もいた。だが、今の選手たちの顔ぶれを見るとジュニア世代から柏市周辺でプレーしている選手たちが圧倒的に多い。それだけ地域に根ざしているという証でもあるのだが、一方で、各クラブともに地域における地盤を固め、スカウティングを綿密に行っているということにもなる。

41人が活動しているレイソルU－18の経歴を見れば、37人がU－15出身の選手である。さらにそのキャリアをさかのぼれば、ジュニア時代からレイソルU－12に在籍している選手は、41人中17人もいる。アライアンスグループと言われるチームでプレーしていた選手を加えれば、その数はさらに増えることになる。それだけ選手の才能を見極める時期は、早くなってきているということだ。クラブにとっても、地域と提携して才能のある選手の情報をいち早くつかむことは生命線でもあるのだ。

もちろん、スカウティング以外にも各年代でセレクションは行っていて、レイソルもユース年代にあたるU－18のセレクションも実施している。

「年によりますが、ユース年代のセレクションには200〜300人の参加者があります。ここ数年は、日体大柏と合同でセレクションを行うようにしているんです。事前に参加選手たちには、進路として柏レイソルだけを選択するのか、日体大柏だけを選択するのか、それとも両方を希望するのかを選んでもらっています。レイソルより、日体大柏の方が合格者の人数は多いですが、日体大柏はサッカー部のレベルも上がっていますし、学校が学業にも力を入れていることもあって、そのハードルは年々上がってきています」

もちろん、12歳までにすべての能力や成長過程を見極められるわけではないと、渡辺も言う。スカウティングに費やせるスタッフの人数も限られているだけに、情報網に引っ掛からずに中学生や高校生になって目に留まるようになる選手も少なくないという。

だが、「なるべくU－15からU－18に引き上げたいというクラブとしての基本的な考えはあります」と渡辺が語るように、多くの選手がU－15、さらにはU－12のカテゴリーから昇格しているという現実もある。そこには能力の高い選手がレベルの高い指導を受けることで、より成長できるという環境があるからだろう。

選手のために一番重要なのは、指導者自身が成長を止めないこと

振り返れば、柏レイソルのアカデミーからプロの世界へと巣立った選手は、これまでで100

人を超えている。アカデミーを経て、トップチームでもプレーした選手としては、現在、日体大柏サッカー部の監督を務めている酒井直樹がパイオニアだろう。彼はアカデミーの前身でもある日立サッカースクール柏の卒業生だ。次に名前を挙げるとすれば、00年のシドニーオリンピック、02年のFIFAワールドカップに日本代表として出場した明神智和（AC長野パルセイロ）だろう。クラブユース出身選手が日本代表に名を連ねること自体が希有だった時代に、レイソルのアカデミーはいち早く日本代表選手を輩出していたのだ。

今もトップチームのキャプテンとしてチームを牽引する大谷秀和も、ジュニアユース、ユースとステップアップして、今日まで柏レイソル一筋でプレーする生え抜きの選手だ。まさにその存在はクラブの象徴そのものと言えるだろう。ほかには、日本代表として活躍する酒井宏樹や日本代表歴のある工藤壮人（レノファ山口）や山中亮輔（浦和レッズ）もレイソルのアカデミーで育った選手である。さらにGKの中村航輔も、小学生のときからこのチームで育ってきた選手のひとり。レイソルアカデミーの出身者は、ほかのクラブで活躍する選手も含め、枚挙にいとまがない。

そうした目に見える実績を挙げてきているレイソルは、今、育成においてどのようなテーマを掲げているのだろうか。かつてはテクニックとともに、コンビネーションにも重きを置いていた印象が強いが、そうした指導に変化はあるのだろうか。

「確かに、ここ最近のレイソルU－18のサッカーを見て『変わったね』と声を掛けられることはあります。今まで取り組んできたボールを動かす、スペースを大事にするというサッカーは継続しつつ、さらに個にスポットを当てた指導を行っています。以前は、確かにグループ戦術というものを大事にしていました。でも、今は選手が持つ個性を伸ばすことを優先させています。同じメニューを練習するにしても、その選手の特長によってアプローチする内容や回数も変えていますし、ポジション別や個人練習を増やすなど、さらに工夫を重ねています」

これは、サッカーが常に進化し続けていることと密接に関係している。選手たちに求められる能力も、技術だけでなく運動量、球際の強さと多岐にわたっているように、戦術やスタイルも日々急速に進化している。かつてFWは、得点を取ることさえできればスターになれたが、今では守備もできなければ試合に起用してもらえない時代になった。

「私たちは多様性と言っているのですが、いろいろなことに適応できる選手を育てたいという考えがあります。ひとつの戦い方しかできなければ、トップチームの監督が代わったときに適切なプレーができなくなってしまう。そうではなくどんな指導者のもとでも、どんなサッカーにおいても対応し、順応できる選手を育てたい。だから、U-18においてもひとつのシステムに固執することなく、2トップのほうがFW2人の能力が生かせるのであれば、2トップを採用する。だから、来年になればまた違うシステムで戦うかもしれませんし、選手の個性や特長によって考えていければと思っています」

高体連の強豪校の多くは、指導者が長いスパンで教えているため、その指導に一貫性があるとも言われている。一方、Jリーグのアカデミーではスタッフの配置換えも多く、選手が3年間同じ指導者に見てもらえないという状況も頻繁に起こっている。実際、本書に登場した高体連の指導者は、そこを高体連の強みとし、そこをアカデミーの課題だとまで言った。

だが、渡辺の意見を聞くと、深くうなずいてしまう。

「このサッカーしかできないという選手になってしまえば、そこでしか通用しなくなってしまいますよね。それこそレイソルとして、世界で戦える選手の育成をテーマに掲げているだけに、どこにいっても、どんなサッ

取材当日は翌日にプレミアリーグの青森山田戦を控えていたため軽めの調整。練習中、選手やコーチも笑顔が絶えず、楽しそうにプレーしているのが印象的だった

カーでも対応できる選手を育てたい。選手も、複数の指導者に教わることで、多様性は増しますよね。プロになれば、ずっと監督が同じという状況はまず考えられないですし、『監督が代わってしまったからプレーできない』では、長くプロとして活躍することはできない。どんな指導者のもとでも、どのようなチームでもプレーするためには、早くから、いろいろな指導者のもとでプレーすることもいい経験になると思います。また、指導者が違えば、アドバイスや指摘をしてくれる視点も変わるように、より多くのことが身につくとも言えますよね」

「私たちのアプローチ次第で、いくらでも変化し、成長していく」と渡辺が本章の冒頭で語ったように、指導者のひとことでユース年代の選手たちはまだまだ成長する。そうしたとき、たった1人から指導を受けるよりも、多くの監督やコーチから指摘を受け、課題を提示されたほうが伸びしろは大きくなるというのもうなずける。

「Jクラブも高体連も、指導者次第ということだと思います。だから、どっちが育成に関して優れているということはない。高体連のチームにも勉強熱心で多様性のある考え方をしている監督もいるだろうし、Jリーグのアカデミーにもそうした人はたくさんいる。大切なのは、選手が最大限成長できるようにサポートする、自立できるようにサポートすること。そのためには指導者が成長することを止めてはいけない。高体連でもJリーグのクラブでも、指導する立場にある私たちが新しいことを学び吸収しようとしなければ、選手たちの成長を止めてしまうんです。まだまだ指導者の成長は足りていないと思うので、日本サッカー全体がさらに成長していくためには、選手以上に指導者が変わっていかなければならないと思います」

それだけ、選手にとっては指導者との出会いは大きいということだ。そしてまた、指導者の存在が育成年代にとっては重要だということでもある。

第6章

日本サッカーの育成に異議あり

ACミランアカデミー千葉　テクニカルディレクター

ルカ・モネーゼ

「3年間という枠組みのある日本の育成システムのほうが、私としては選手たちの可能性を奪っていると思っています。イタリアでは、毎年のようにセレクションを行い、スカウティングも行っています」

LUCA MONESE／1981年4月24日、イタリア北部の都市、ベローナに生まれる。選手時代はイタリア4部のセリエDでプレー。ベローナ大学でスポーツ科学を専攻、卒業後、01年から09年まで、キエーボ・ベローナ（セリエB）の育成年代のトレーナーやフィジカルコーチとして活動。さらに育成年代の選手のスカウティングや、フィジカルトレーナーも担当する。その後、同じ町にあるエーラス・ベローナ（セリエA）にて、14歳以下のカテゴリーすべての責任者として2年間働く。ACミランのインターナショナルスクール開校の際に、声を掛けられ12年に来日。大分で1年間活動した後、13年からは千葉県佐倉市に活動拠点を移す。

通訳／長内秀樹

クラブチーム主体のヨーロッパでは、育成年代もクラブで指導

ユース年代の選手がプレーする選択肢として、〝高体連〟と〝クラブ〟という二軸が存在する日本サッカー界の環境は、世界的に見てもまれである。

そこには、そもそも日本の教育制度として、学問だけでなくスポーツも〝学校教育〟の一環としてスタートしているという起源がある。一方で、ピアノや書道、さらには水泳や体操といった習いごとは、教室やスクールに通って学ぶという文化が日本では浸透している。それと同じく、サッカーも小学生のうちは、地元の少年団（クラブチーム）や地域のスクールで指導を受ける子どもが大多数だ。

だが、サッカーにおいては、中学生になると、学校の部活動でプレーする子どもが増えていく。高校生になると、その傾向はさらに顕著になり、圧倒的にクラブチームよりも、高体連のチームでプレーする選手は多くなっていく。これは、まだまだ日本にはクラブチームの数自体が少ないという事情もある。Ｊアカデミー以外の、いわゆる〝町クラブ〟では、ジュニアやジュニアユースのチームはあっても、ユースチームを持たず、活動自体を行っていないという組織も多いからだ。ちなみに日本クラブユースサッカー連盟の2019年度の資料によると、U－18の登録チーム数および選手数は、124チームで3384人。一方、U－15では1469チームが加盟し、

6万8178人もの選手がクラブチームでプレーをしている。ユース年代のクラブチーム数は、ジュニアユース年代と比較すると、10％以下に激減しているのが分かる。

一方、世界に目を向けるとどうだろうか。サッカーの本場と言われるヨーロッパには、そもそも〝部活動〟という概念が存在しない。スポーツは学校ではなく、クラブチームで行うものという文化が根付いており、子どもたちは幼いころから地元のスポーツクラブに通い、そこでサッカーもしくは、他のスポーツに触れる。極端な言い方をすれば、草サッカーは別として、クラブチーム以外で、子どもたちが競技としてのサッカーを続ける環境や選択肢はないのである。ヨーロッパにおいては、サッカー人気が高く100年以上もの歴史を誇ることから、クラブチームの数も膨大に存在するのだ。

例えば、現在、世界最高峰のリーグと言われているイングランド。頂点に当たるプレミアリーグが20チーム、2部に当たるチャンピオンシップ、3部に当たるリーグ1、4部に当たるリーグ2、5部に相当するナショナルリーグは各24チームで構成されている。これだけでも、116ものクラブが存在することになる。2019年現在のJリーグは、J1からJ3まで合わせて、55クラブであることから、単純に見ても、その倍のクラブチームの数を誇っている。

イングランドは、ここからさらに6部、7部、8部と続いていき、下のカテゴリーになると、地域ごとに分類され、その下部リーグもそれぞれ20チーム以上で構成されている。プロやアマチュアに関係なく、ＦＡ（イングランドサッカー協会）に加盟しているクラブならば参加資格がある世界最古のカップ戦「ＦＡカップ」にエントリーしているチームは、７００を優に超えている。単純計算しても、それだけの数のクラブチームがイングランドには存在することになる。

その多くはアカデミー、いわゆる下部組織を有しており、選手のレベルに応じたプレー環境が整えられている。頂点には、マンチェスター・シティやリバプールといったクラブもあれば、日本では知られていない地元の町クラブまで多数存在する。また、日本と同様に第1種のチームを持たず、若年層の育成にのみ特化しているクラブも多くあることから、文字どおり、数え切れないほどのクラブチームがあると言っていい。

例えば、イングランド代表ＦＷのハリー・ケイン。彼は、地元であるリッジウェイ・ローヴァーズＦＣで、そのキャリアをスタートさせている。このクラブは、6〜18歳までの指導を主としたクラブチームであるため、そのクラブ名を聞いたことがない人の方が多いだろう。そこでサッカーを始めたケインは、8歳でスカウトされたアーセナルＦＣでプレーするようになるが、1年で解雇されると、再びリッジウェイ・ローヴァーズＦＣに戻っている。その後、ワトフォードＦＣのアカデミーでプレーするようになり、11歳のときに、自らもファンだったというトッテナム・ホットスパーに籍を移し、16歳でプロ契約を結ぶまでに至っている。ケインが脚光を浴びるようになったのは13‐14シーズン以降。その前は、ミルウォールやレスター・シティをはじめ、期限付き移籍により複数のクラブを転々としている苦労人だが、ここではキャリアの詳細は割愛する。

選手の育成に定評のあるドイツやフランス、さらにはスペインやオランダといった国々も、イングランド同様、クラブチームによるプレー環境は整備され、もちろん一本化されている。三浦知良のジェノアでの挑戦に始まり、ペルージャやローマで活躍した中田英寿、さらにはインテルの長友佑都やACミランの本田圭佑がプレーしたイタリアも同様である。

ヨーロッパでは、どのような指導方針のもと選手の育成を行っているのか。また、トップレベルで戦える優秀かつ能力の高い選手は、どのような指導、環境、競争のもとで成長していくのであろうか。さらに詳しくヨーロッパの育成事情に耳を傾けるべく、ACミランアカデミー千葉で、テクニカルディレクターを務めるルカ・モネーゼに話を聞いた。

ビッグクラブの本国コーチが、日本に常駐して指導することのメリット

今さら紹介するまでもないが、ACミランは、イタリアにおいて人気と実力を兼ね備えたビッグクラブのひとつである。イタリアのトップリーグとなるセリエAでは18回の優勝を誇り、欧州最高峰の大会であるUEFAチャンピオンズリーグでも7度タイトルを獲得している。特に1990年代前半には、マルコ・ファンバステン、ルート・グーリッド、フランク・ライカール

トといったオランダ人トリオを擁してヨーロッパを席巻。フランコ・バレージやパオロ・マルディーニといったイタリア代表のキャプテンをも務めた名DFが中心としてプレーしていたことでも知られており、日本でもその人気はもともと高かった。さらには、13－14シーズンから4シーズン、本田圭佑が背番号10をまとってプレーしたことでも知られている。

ルカ・モネーゼは、そのACミランのフィロソフィーをベースにして日本でスクール事業を展開している、ACミランアカデミー千葉で、テクニカルディレクターを務めている人物である。

まずは、モネーゼの経歴を簡単に紹介しよう。選手時代は、日本で言うところのJFL

練習は佐倉市内の運動公園内にある人工芝のグラウンドで行われている。ジュニア世代も2歳ごとにカテゴリー分けをして、年齢に合った指導を行っている

（日本フットボールリーグ）に相当する4部リーグのセリエDでプレーしていた。一方で、進学したベローナ大学ではスポーツ科学を専攻して、運動力学や運動科学について学んでいたという。大学で専門分野を学んだモネーゼは、若くして指導者の道に進もうと考えると、地元であるキエーボ・ベローナ（セリエB）で仕事をする機会に恵まれた。

「01年から09年まで、キエーボ・ベローナの育成年代における地域のトレーナーやフィジカルコーチとして活動しました。そこからステップアップして、育成年代の選手のスカウティングを担当し、さらには14歳以下のフィジカルトレーナーをしていました。その後には、同じ町にあるエーラス・ベローナ（セリエA）にて、同じく14歳以下のカテゴリーすべての責任者として2年間、働きました。ここでは、スカウティング、コーチの育成、他クラブとの会議、さらにはトレーニングマッチの交渉と、選手の育成に関するすべての責任者として活動していました。その後12年に、ACミランがインターナショナルスクールを開校する際に、テクニカルディレクターとして働かないかと誘われ、来日しました。大分で1年間活動した後、13年からは千葉県の佐倉に活動の拠点を移しています」

ACミランアカデミー千葉の最大の強みは、ルカ・モネーゼ自身の存在にあるともいえそうだ。

「他の海外のクラブも日本でスクール事業を展開しているところはありますが、クラブと契約した本国のコーチが日本に常駐して指導に当たっているところはまずないと思います。私自身、ミランの下部組織のコーチ陣が学ぶ指導要綱を勉強して日本に来ています。そのため、トレーニングのメニューや指導方針は、ＡＣミランの考えに基づいてはいますが、そこに私自身のアイデアやアレンジを加えた独自のものにもなっています。なぜかというと、ミランからも、国が違えば、話す言葉や生活習慣、文化、さらには子どもたちの性格も違ってくるという指導を受けています。選手の成長スピードもそれぞれ異なるため、その国の環境によって、何を伝えていくかはそれぞれのテクニカルディレクターが判断するようにと言われてもいるんです」

なぜ日本ではグラウンドで直線ダッシュを繰り返すのか？

指導するうえで、ＡＣミランのフィロソフィーとして重視しているものとは何なのだろうか。

「これはイタリアでも、育成におけるどのカテゴリーにおいても変わらないことでもあるのですが、勝利を目指すのではなく、選手の成長というところに目を向けていることですよね。目の前の結果や成果を求めるのではなく、選手１人１人が持っている能力をどう伸ばすか、どう成長させられるかをテーマにしています。また、人間性という部分も、どのカテゴリーにおいても大事なポイントだと考えています」

勝つことではなく、選手自身の能力を高めること、成長させることに注力する。これはＡＣミランだけでなく、ヨーロッパの育成指導におけるスタンダードと言ってもいいだろう。どちらかといえば、勝利を追求しているチームが多い高体連サッカー部との違いは、ここにあると言えるかもしれない。

さらにルカ・モネーゼは、ACミランとしての指導理念を説明する。

「ここが一番、大事な部分かもしれませんが、選手たちが自分自身の考えによって決断し、判断することを大切にしているという点です。大人があしなさい、こうしなさいと言うのではなく、子どもたちが自分で考え行動できるようにする。指導者やコーチはそのための手助け、サポートをするという立ち位置ですよね。困っているときに、勇気が出ないときに、背中を押してあげることも含めて、基本的には彼らの判断力を促してあげることが、指導における大前提となります」

ユース年代においても同様だが、子どもたちを指導するうえで、〝教えすぎない〟ということはヨーロッパでは広く言われていることだという。

「練習メニューもそうした判断力を養うものを多く取り入れています。例えば、日本でよく見られる練習のひとつとして、2人組でのパス交換がありますよね。でも、プレッシャーのない状況でのパス交換というものが、果たして試合の中でどれくらいあるのか。私たちとしては、試合とかけ離れた状況での練習を繰り返すのではなく、常に試合を意識し、実際に起こり得るシチュエーションを作り出してあげて、その中でトレーニングを行っています」

モネーゼは、こうした単純な練習でも、動きを加える、もしくは制限を課すことで、試合で使える技術に昇華させることができると話す。例えば動きながらパス交換をすれば、難易度は上がるし、考えてプレーする必要性も出てくる。それはパスという蹴る行為だけにとどまらず、止めるというトラップにしても、ドリブルにしても、シュートにしても同様である。

「ある選手がボールを受けたときに、なぜその身体の向きでボールを受けるのか。なぜターンをしないのかと指導者が指摘したとしますよね。でもそれができないのは、指導者の責任でもあるんです。ウオーミングアップのときから、ずっと同じようなパスの練習ばかりをしていれば、少しバランスが崩れた体勢や正体していない状況ではうまくボールをコントロールできない選手になってしまいます。また常日頃から考えてプレーする習慣を身につけていなければ、ターンすることもできなくなってしまいます」

だからモネーゼは、同じ動作の練習、同じ状況での練習はまずしないと言う。また年齢によって、ゴールを広げる、狭くする、コートを広げる、狭くするというだけでも、激しさや厳しさは変えることができるともいう。

モネーゼは、逆にこうした質問を筆者に投げかけてきた。

「日本では、グラウンドを真っ直ぐダッシュする練習もよく見かけますが、そうした状況は実際の試合の中でどれくらいあると思いますか？」

筆者が試合中の状況を想像して思案していると、モネーゼはこういう。

「単純に真っ直ぐに走るという状況は試合中でも起こり得るかもしれません。ただ。試合中は、そのときに、何かを考えていなければならないはずです。ただ、ヨーイドンといって真っ直ぐに走るわけではないですよね。試合中には、判断において4つの基準があります。ひとつ目は『ボール』、ふたつ目は『ゴール』、3つ目が『チームメイト』、そして4つ目が『相手』。選手は、この4つのことを考えながら瞬時に判断し、プレーを選択していくことが求められるんです」

試合で、実戦で活用できる技術を伝えていく。ACミランの、そしてヨーロッパの選手たちの試合における判断力の高さ、選択肢の豊富さは次の言葉に集約されているように思う。

「我々が育てようとしている選手は500回のリフティングができる選手ではありません。試合の中で輝ける選手であり、試合中に効果的なプレーができる選手なんです」

〝テクニックだけで見れば、日本人選手は世界でもトップクラスである〟

そんな言葉を聞いたことがある人は多いだろう。ただし、ここには枕詞が付く。

〝練習においては〟

練習することが目的ではなく、試合で生かすことが目的なのである。モネーゼの言葉は改めて、そのことを教えてくれている。

3年間はプレーする環境が保証される日本のユース年代のプレーヤー

子どもたちがサッカーをする環境として、クラブチームという選択肢しかないイタリアで、指導者として活動してきたルカ・モネーゼには、クラブと高体連という、ふたつの選択肢がある日本のユース年代はどのように映っているのだろうか。

「来日した当初は、なかなか理解しがたいところがありましたが、私自身も勉強して、今では日本の状況を把握できるようになりました。まずJリーグのアカデミーについてですが、彼らはプロ選手を育てること、優秀な選手を輩出することがメインの目的になりますよね。イタリアでいえば、我々ACミランやユヴェントスといったクラブの下部組織と変わらないと思います。その組織からプロ選手を生み出すことが大事になる。一方で高体連のチームですが、教育という視点で見れば、生徒が学ぶべきものを最大限に伸ばしてあげることが目的となりますよね。例えば医者になりたい子どもがいれば、医学を学ぶ必要があるように。それなのに、日本では部活動であるサッカーを基準にして高校を選ぶ親がいたり選手がいるということが、私としては理解できないところです」

日本とは異なる文化で生まれ育ってきたモネーゼが感じた率直な疑問である。

もちろん、ヨーロッパでも、イタリアにおいても、プロになれなかった場合を考えて学校で勉強をし、専門分野なり技術を身につけるということは当然あるという。プロサッカー選手という夢を志半ばで諦め、指導者の道へと進んだモネーゼ本人も、まさにその1人である。

「Jリーグのアカデミーに関しては、このチームでプレーしたいから、ここで成長したいからと選手がプレーするクラブを選ぶように、学校もこの学問を学びたいから、この道に進みたいからという視点で選択するべきだと思います」

日本では中学年代にあたるジュニアユースで3年間、高校年代にあたるユースでも3年間、選手を継続して指導することが常態化している。これは間違いなく、日本の学校教育制度に起因しているものだ。部活動でも、クラブチームでも、同じ期間で指導が行われており、Jクラブのジュニアユースやユースに加入が決まった選手は、中学や高校を卒業するまでの各々3年間を通してプレーすることができる環境が約束されている。

「Jリーグのアカデミーを見ても、毎年、セレクションを行うような状況にはなっていないですよね。中学生も高校生も3年間はきっちり教え込むというシステムになっています。でも、1年経ったときに、その選手が全く成長していなかったとしても所属し続けることができる。ただ、そのチームでプレーできる能力を満たしていなければ試合には出られない。そうした状況でも、クラブはその選手を抱え続けなければならない。それは、たくさんの選手がいる高体連のサッカー部においても、一緒ですよね」

さらに、モネーゼの分析は続く。

「日本では勉強とスポーツを同列に扱う傾向があります。よく、『サッカーと勉強を両立する』という言葉を聞きますが、イタリアからしてみれば、その考え方すらおかしいと言えます。そもそも、サッカーをしながら勉強をすることは当たり前ですし、勉強しながらサッカーをすることも当たり前だからです。勉強は学校でするものであって、サッカーはクラブチームでするものなので、そもそも同列にはならないはずなんです」

子どもたちが目標を持ち、夢を追いかけるのは素晴らしいことだが、確かに本来の目的である学ぶということではなく、サッカーが学校を選択する際の志望動機になってしまっている環境は、本末転倒と言われても仕方がないかもしれない。

話は少しそれるが、スポーツが学校にとってビジネス的な側面を持ってしまっているという状況についても、モネーゼは警鐘を鳴らす。

「サッカーの強豪校といわれる高体連のチームの中には、100人以上の選手を抱えている高校がざらにあります。こういった高校ではビジネス色が強くなっているように感じています。サッカー部が強くなればなるほどたくさんの生徒が集まってくるようになり、それだけで学校はお金を稼ぐことができる。でも本来学校は子どもたちを育てる場所であり、人間を育む場所でなければならないはずですよね。イタリアもそうですけど、ヨーロッパではプロはプロ。優秀な選手は強いクラブチームに集まるシステムが確立されています」
高体連のチームが多くの部員を抱えている現状は、選手たちの成長を目的としたものではなく、学校経営を潤沢にするための一つの手段になってしまっているのではないかと指摘するのである。

1年ごとの評価で昇格もあれば、降格もあるヨーロッパの育成事情

話を元に戻すと、着目したいのはヨーロッパにおけるセレクションのシステムである。日本におけるセレクションとは異なり、イタリアやヨーロッパで主流なのはスカウティングによる選手の獲得だ。各クラブのスカウトが毎週のように各地の試合に足を運び、有望選手をピックアップする。対象となった選手を自チームの練習に参加させ、お眼鏡にかなえば合格となる。日本のようにある程度の人数が、決まった期日に一斉に参加して行うセレクションとはニュアンスが異なることを記しておく。

イタリアのプロチームのアカデミーを見れば、年代が若い順に、『Piccoli amici（ピッコリ・アミーチ）』（U－6、U－7）、『Primi calci（プリミ・カルチ）』（U－8、U－9）、『Pulcini（プルチーニ）』（U－10、U－11）、『Esordienti（エゾルディエンティ）』（U－12、U－13）、『Giovanissimi（ジョヴァニッシミ）』（U－14、U－15）と2歳ごとに分かれている。ユース年代に当たるU－16、U－17のチームは『Allievi

Nazionali（アッリエービ・ナツィオナーリ）』と呼ばれていて、育成年代の頂点には、『Primavera（プリマベーラ）』（U-19）がある。ただ、このカテゴリーを有することができるのは、セリエA、もしくはBに所属するプロチームだけである。ユース年代にあたるU-16からU-18でプレーしている選手は、各年代とも約20人である。

注目したいのは、それぞれのチームが年齢ごとに分けられていることである。そのため、当然のように1年での見直しが行われ、成長が感じられない、もしくは能力が足りないと判断されれば、上のカテゴリーには昇格できないシステムになっている。それが若年層のときから当たり前のように行われ、常に選手たちには〝競争〟という意識が植え付けられているのだ。

だからといって、上のカテゴリーに昇格できなかった選手がノーチャンスかと言えば、ヨーロッパの場合は決してそうではない。そのときのレベル、能力に応じたクラブチームでプレーをできる受け皿があり、他のクラブで再チャレンジすることもできるのだ。

学校教育と同じスパンで、ジュニアユースで3年、ユースで3年という縛りを設けている日本の環境は整っていると見ることもできるし、選手に優しいと捉えることもできる。だが、プロを目指す、優秀な選手を育てるという点においては、やはり競争意識や危機感を芽生えさせることが難しいシステムとも言えるだろう。

ヨーロッパのクラブチームは、あくまで優秀な選手を輩出する、プロになれる選手を育てることに特化している。そして、そこにはビジネス的な側面が多分にある。中小規模のクラブであれば、優秀な選手を多く育ててビッグクラブに高額な移籍金で獲得してもらう。それによってクラブの経営や財務状況が潤うという流れがある。また、地元クラブや中小クラブからビッグクラブへと巣立っていった選手は、自身の希望や夢が叶ったことになるし、また自身のサラリーも高騰する。クラブチームが行っているのは、紛れもないビジネスなのである。そして、そのために選手たちを育成しているのだから、そこには当然、力も人員も注がれる。

クラブに所属するヨーロッパの育成年代は、1年1年が勝負になる

また、選手の目線で見たとき、ヨーロッパや南米には無数にチャンスが広がっている。1度、解雇されても、そのときどきのレベルに応じたクラブで再び挽回する機会があるからだ。自分の成長スピードに合わせた環境で、トレーニングや試合経験を積んでいくことができるのだ。

そうしたヨーロッパの土壌を踏まえて、ルカ・モネーゼは、日本の育成環境をこう指摘する。

「3年間という枠組みのある日本の育成システムの方が、私としては選手たちの可能性を奪っていると思っています。イタリアでは、毎年のようにセレクションを行い、スカウティングも行っています。また、日本では年齢が上がれば上がるほど、競技人口は少なくなっていきますが、イタリアでは真逆なんです。上に行けば行くほど、サッカーの競技人口は増えていく。それは、途

中からでもサッカーを始める環境が整っているからです。子どものときにサッカーをやっていた選手が、一度サッカーから離れてしまったとしても、また中学生や高校生になってから始めることができる。そのときの自分の実力に応じたクラブでプレーを再開すればいいからです。そこで成長できれば、上のレベルのクラブのセレクションを受けることもできます」

一方、日本の環境を見渡してみる。例えば、高体連のチームで、突出した才能を見せている1年生がいたとする。だが、その選手は3年間、同じチームでプレーを続けなければならない。同じ環境においても自分と向き合うことで成長することもできるだろうが、よりレベルの高い練習や試合を経験することは難しい。そうした経験値を得るには、育成年代の日本代表や選抜チームに選ばれるしかない。モネーゼ曰く、そうした環境こそが日本の育成年代の選手の才能を潰してしまっているのではないかと話してくれたのである。

イタリアやヨーロッパでは育成年代においても移籍が活発に行われている。それもまた、ヨーロッパの育成事情の優れた点と言えるだろう。

「プロのスカウトが常に試合を見ていて、能力があると判断されれば引っ張っていく。そうした環境はヨーロッパには、当たり前のようにあります。一方で、日本では中学も高校も3年間という縛りがあるため、試合に出られない状況が続いていても、ずっと同じチームで練習をしなければならない。仮に指導者の方針が合わなかったとしても、そうした状況を変えることも選手にはできないわけです。さらに言えば、試合に先発できるのは11人。そこに入れなければ、試合経験を積むことなく、無駄な時間を過ごさなければならなくなってしまう」

ヨーロッパのクラブチームでは、学校という枠組が関係ないため、レベルの高いチームから声が掛かればすんなりと移籍することができる。日本で例えれば、高校1年生のときに、J3のユースでプレーしていた選手が、実力を認められればより強豪であるJ1のユースでプレーする、といったところだろうか。それが高体連のチームでプレーをしていたとなれば、違うチームから評価を受けたとしても、移籍するには転校しなければならない事態にもなる。

「イタリアでは、トレーニングマッチにおいてもチャンスが広がっています。例えば、ACミランやユヴェントスといった強豪と練習試合をしたとします。そのときに活躍しスカウトの目に留まれば、声が掛かる場合もある。もしくはスカウトがその選手のプレーを覚えていて、18歳になったときに海外でプレーをする可能性を作ってあげることもできるのです」

プロサッカー選手を育てる以上、シビアなところはシビアに。だが、才能のある選手はとことん成長できる環境がヨーロッパには用意されている。それは日本以上に過酷で、かつ高い競争意識と言えるだろう。

サッカー王国・ブラジルでも、厳しい競争による育成システムが確立されている

ヨーロッパから話題はそれるが、南米にはヨーロッパ以上に選手たちの競争意識を促す土壌がある。過去21回開催されているFIFAワールドカップのすべてに出場し、最多となる5回の優勝を誇るサッカー王国・ブラジルの育成事情はどうなっているのだろうか。

サッカー文化が根付いているブラジルは、ヨーロッパと同様に大小含め無数のクラブチームが存在している。こちらもヨーロッパ同様、子どもたちは学校ではなくクラブチームでサッカーをするのが常識となっている。

「どこの国のリーグにもブラジル人選手はいる」

サッカー界にこうした言葉があるように、ブラジル人選手は、ヨーロッパの主要リーグはもちろん、さまざまな国で活躍できる適応能力の高さがある。プレミアリーグではガブリエル・ジェズス（マンチェスター・シティ）、ブンデスリーガではフィリペ・コウチーニョ（バイエルン・ミュンヘン）、ラ・リーガではカゼミーロ（レアル・マドリード）、さらにイタリアにはアレックス・サンドロ（ユヴェントス）と軒並みブラジル代表のスター選手たちがプレーしている。日本でも、ブラジル代表歴のあるレアンドロ・ダミアンが川崎フロンターレでプレーしているように、各クラブにブラジル人選手は所属している。まさに助っ人を輩出している国としては、世界最大の勢力と言えるだ

ろう。

そのため、ブラジルでは若手選手の育成に注力し、彼らの移籍金はもはやクラブを支える主要な財源にまでなっている。フルミネンセFCやサントスFC、サンパウロFCといった名のあるクラブになると、当然のようにアカデミー施設に巨額を投じて整備している。専用グラウンドはもちろんのこと、選手たちが生活する寮を完備し、また提携する学校に選手を通わせているクラブも多いという。そこでは生活費や学費を含め、かかる一切の費用をクラブ側が負担しているという。

それだけ、ブラジルのクラブにおいて、未来を担う子どもたちは、磨けば光り輝く原石という認識を持っているのである。だからこそ、ブラジルでは可能性のある選手には、いくらでも投資をする。一方で、ビジネスという色合いが強いゆえに、才能がないと判断すればあっさりと解雇する。それもかなり短いスパンで行っているというのだから、選手たちは常に危機感にさらされていることになる。

ブラジルの各クラブでは、才能のある選手を抱えこもうと、ヨーロッパ同様にセレクションが頻繁に行われているという。先に名前を挙げたブラジル国内のビッグクラブであっても、その頻度は高いという。

ブラジルでは多くの選手がスクールにも通っている。そして、各地域や町ごとでビッグクラブがセレクションを行うため、それに参加することで、次のステップへと未来を切り開いていく。ただ、ここもヨーロッパと共通する部分ではあるが、最初のクラブのセレクションに落ちても諦めることなく、異なるチームのセレクションにチャレンジする。むしろ、合格するまでチャレンジし続けるのがブラジル流とも言えるだろう。ブラジル代表のキャプテンとして活躍し、ASローマやACミランでプレーしたDFカフーが、10回以上もセレクションに落ち続けたというエピソードは有名である。それでも諦めなかったカフーは、18歳のときに地元・サンパウロFCに合格してプロへの第一歩を踏み出している。

カフーが好例であるように、ブラジルには幾度もチャレンジする環境もあれば、合格しても、決して安泰とはいえない環境も用意されている。

また、ブラジルと言えば、テクニックに優れた選手を多く輩出していることから、スキルばかりを注視しているように感じるかもしれないが、人間性を重視しているのは、日本やヨーロッパと変わらない。サンパウロFCでは、人格者としても知られるテレ・サンターナがかつて指導していたこともあり、協調性が重視されているという。例えば、サッカーゴールを運ぶときはチーム全員で行うことを求めるなど、日本の部活動のような規律もあったりするのだ。そのほか、海外に出ても恥ずかしくない選手に育てようと、インタビューの受け答えを練習する機会も設けているという。食事管理やエネルギー補給に関しても、各クラブともに研究が進んでいる。

そうした施設の整備、さらには科学的な取り組みは、ヨーロッパも南米も変わらない。その中でも、やはり日本と大きく異なるのが、選手たちに多くのチャンスを与える環境作りであろう。他には危機感と競争意識を植え付ける雇用形態。こうした試みと工夫が、長きにわたりブラジルがサッカー王国と呼ばれ、常にスター選手を輩出し続けている秘密でもある。

ライバル・韓国、そして新興勢力・中国の育成事情とは

また、ここでアジアの育成事情にも簡単に触れておきたい。

隣国である韓国は、日本と選手育成の環境は似ていると言えるかもしれない。というのも、クラブチームよりも、学校でサッカーを続ける環境が一般的だからだ。さらに言えば、高校でのプレーを選択することはもちろん、これまでは、大学を経由してプロになる選手が圧倒的多数を占めていた。

ただ、Jリーグ発足以降、日本の各クラブが選手の育成を強化し、成果をあげるようになると、韓国もKリーグクラブの育成システムの改善に着手した。Kリーグのクラブと、学校（中学や高校）が提携するなどして、選手の育成に力を入れるようになったのだ。例えば、Jリーグでプレーしている選手を例に挙げれば、FC東京に所属しているDFナ・サンホである。彼は錦湖高校から檀国大学を経て、17年にKリーグの光州FCでプロデビューしている。だが、錦湖高校は光州F

Cと提携しており、いわば光州FCのアカデミーにあたる育成組織なのである。また、ガンバ大阪でプレーしたファン・ウィジョ（ボルドー）は、ユース年代を豊生高校で過ごしているが、ここは城南FCと提携する下部組織である。

さらに、ガンバ大阪で言えば、DFキム・ヨングォンは全州工業高校でプレーしており、全州大学在籍中に出場したU－20ワールドカップでFC東京の目に留まった選手である。10年にFC東京に加入すると、大宮アルディージャや中国の広州恒大を経て、19年にガンバ大阪へと加入した。また、北海道コンサドーレ札幌のGKク・ソンユンも、キム・ヨングォンと似たようなケースと言えるだろう。在鉉高校でプレーしていた10年に出場した全国大会でセレッソ大阪のスカウティング網にかかり、セレッソ大阪U－18に加入。大学でプレーする機会はなかったが、15年に移籍したコンサドーレでレギュラーの座をつかむと、韓国代表に選ばれるまでの選手へと成長した。

ナ・サンホやファン・ウィジョのキャリアが示しているように、韓国は、Kリーグの各クラブと学校が連携し、アカデミー組織を形成することで育成を強化する道を歩んでいる。かつては、高校、大学を経て、プロになるのが定番のルートだったが、そうした取り組みの成果もあり、今では高校を卒業して、すぐにプロになる選手も出てきている。

また、トッテナム・ホットスパーに所属し、アジアナンバーワンストライカーの呼び声も高いソン・フンミンは、韓国サッカー協会が取り組んでいる「優秀選手海外留学プログラム」から輩出された選手である。この第1期生としては、ウォルバーハンプトン・ワンダラーズやフルアムでプレーしたFWソル・ギヒョンの名も挙がるが、ソン・フンミンは、その第6期生としてハンブルガーSVの育成組織に加入。そこでプロ契約を勝ち取り、レヴァークーゼンを経て15－16シーズンにトッテナムへと移籍している。日本に当てはめれば、JFAが行っているエリートプログラムをさらにグレードアップしたようなシステムと言えばいいだろうか。ただ、韓国代表へと成長する選手は輩出したものの、08年にこのシステムは終了している。

「優秀選手海外留学プログラム」やKリーグクラブと学校の提携など、韓国も選手の育成においては、さまざまな取り組みを行っている。試行錯誤を繰り返しながら、また独自の文化を生かしながら未来を探っているという点においては、日本と同じと言えるだろう。

また、AFCチャンピオンズリーグで広州恒大や上海上港といったチームが、Jリーグ勢の前に立ちはだかっているように、中国のクラブチームの台頭も著しい。巨額を投じて、パウリーニョ（広州恒大）やフッキ（上海上港）といったブラジル代表歴のある選手を各クラブとも揃えているように、中国もまた、アジアでの威厳を取り戻そうと、クラブや代表の強化を推し進めている。

その中国スーパーリーグでは、Jリーグと同様に、各クラブに育成組織を持つことを義務づけている。かつて日本代表監督を務めた岡田武史が、12年に杭州緑城（現・浙江緑城）の監督になると、アカデミーの施設や強化が日本でも話題になった。日本人指導者の経験や実績を買い、招聘しているクラブもあれば、サッカーの本場ヨーロッパから指導者を招き入れているクラブも多い。10年以降、中国スーパーリーグが世界のスター選手を買い漁り、強化を進めてからというもの、中国代表自体は特筆するような成果はあげていないが、遅かれ早かれアジアで台頭してくる存在になるだろう。

またアジア全体に目を向ければ、中国だけでなく、22年ワールドカップの開催国であるカタールや、UAEなどといった中東の列強も巨額の資金を投じて選手の育成に力を入れている。前・日本代表監督の西野朗がタイ代表の監督に、柏レイソルやヴァンフォーレ甲府の監督を務めた吉田達磨がシンガポール代表監督に就任したように、日本の指導者がアジアで評価されているのも事実である。それは、Jリーグ発足から30年が経とうとしている今、日本サッカー界が取り組んできたことが、世界的に認められてきたという証でもあるが、日本がアジアを牽引する存在で居続けるには、さらに一歩先、二歩先を歩んでいく必要があるということでもある。

選手だけではなく、指導者にも求められる独自性と柔軟性

これまでも育成年代における指導内容の重要性については説明してきたが、サッカーの本場であるヨーロッパの〝強み〟は、選手たちを指導するコーチや監督にある。ヨーロッパの多くのク

ラブでは、自らもプロの世界で戦ったことのある指導者たちが、若い選手たちにその厳しさであり、生き抜くことの難しさを伝えていく環境がある。

例えば、レアル・マドリードのセカンドチームに当たるレアル・マドリード・カスティージャの指揮官を務めているのは、あのラウール・ゴンサレスである。また現在、レアル・マドリードの監督を務めているジネディーヌ・ジダンもレアル・マドリード・カスティージャで指導者としての経験を積んでいる。他にも指揮を執ったクラブに幾つものタイトルをもたらし、名指揮官として知られるペップ・グアルディオラも、指導者としてのキャリアは、FCバルセロナのBチームでスタートさせている。100年以上もの歴史があるヨーロッパにおいては、そうした土壌と環境がすでに整っているのである。

一方で、本章のルカ・モネーゼのように、大学でスポーツ科学を学び、専門的な知識を身につけて活躍している指導者も多い。有名どころを挙げれば、チェルシーやレアル・マドリード、さらにはインテルで指揮を執ったジョゼ・モウリーニョ（トッテナム・ホットスパー）がその代表であろう。彼は選手としては大成しなかったが、その後、リスボン工科大学でスポーツ科学を学び指導者へと転身。その原点は、ユースチームのコーチやスカウトだったりする。

スペシャリストが指導現場を預かるヨーロッパにおいては、それぞれがスポーツやサッカーにおける理論を学び、勉強しているだけに、自身の指導方法に矜持を持っている。モネーゼは自分自身はもちろんのこと、イタリア人指導者全般にそれは当てはまるという。

「イタリアでは、独自のトレーニングを作ることに関して、みんな誇りを持っていますよね。自分が考えた指導方法であり、指導内容は選手たちの役に立ち、将来的な成長と結果につながるという自信がある。一方で日本に来て感じるのは、多くの指導者が誰かのトレーニングを見て採用したり、誰かがやっていたことを真似している人がまだまだ多いように感じます。有名なチームが取り入れていたから、有名な指導者が試みていたから自分たちもやってみようと。ただ、そのトレーニングそのものが持つ意味や本質を理解していないと感じることもあります」

日本人の特長としては、良いものを吸収する勤勉さがある。そこは長所ではあるが、言い換えれば、それは指導者が自らトレーニング方法を考えていないということにもなる。選手たちに独自性や柔軟性を求める一方で、指導者たちにもまたその部分が足りていないという現状はあるかもしれない。

選手が持つ個性を最大限発揮できるようにすることが大事

また、育成年代における日本の指導について、ルカ・モネーゼはこうも提言する。

「イタリアも、サッカー協会がすべてのカテゴリーにおける基本となる指導指針は決めています。そのひとつとして、まずはボールを正確にコントロールすることを挙げています。次に選手それぞれの個性をしっかりと見極めてあげるということも重要な要素です。パスが得意な選手もいればドリブルが得意な選手もいるし、もしくはトラップが得意な選手もいるからです。そこで大事になってくるのが、得意分野の異なる選手たちに、どのようなトレーニングを行うか。なぜかと言うと、選手はそれぞれ全く違う人間だからです。それぞれの能力を100%生かすためには、全員が同じことをするのではなく、それぞれに見合ったトレーニングを課すことが、育成年代の指導者としては一番大事な仕事になってきます」

そう言うと、モネーゼは隣国のスペインで活躍する、また活躍した、2人の選手を例に挙げた。バルセロナに所属するリオネル・メッシと、現在はヴィッセル神戸に所属するアンドレス・イニエスタである。2人は、ともにバルセロナの下部組織出身。だが、メッシは言わずもがなドリブルを得意とし、得点を奪う能力に長《た》ける選手である。一方のイニエスタは、パスセンスが光りゲームメイクを担う選手。それぞれ同じ環境で育ちながら、全く異なるプレースタイルを特徴としている。

「彼ら2人のプレーを見たとき、そこには異なる特長を持った2人の個性を最大限に伸ばそうとした指導者がいたということがすぐに分かりますよね。ゲームコントロールに長けたイニエスタに、メッシが得意とするドリブルの練習を押しつけても、メッシにイニエスタの特長であるゲームメイクを託しても、それぞれの個性は消えてしまっていたはずです。選手それぞれが持つ特長を見極め、それを伸ばすすべを考えながら指導することができるか。そこが問われているように思います」

さらにモネーゼの言葉は続く。

「もちろん、両足で遜色なく蹴れることがベストですが、左足が得意で右足が不得意な選手がいたとします。でも右足で蹴ることを求めるがゆえに、左足で蹴ることを禁止したとしますよね。私は右足で蹴ることに注力させることが果たして正解なのかと疑問に感じます。逆に得意とする左足のスキルを伸ばしてあげることで、さらに個性的な選手になる可能性があるかもしれない。指導者は、その選手の能力を否定するのではなく、伸ばしてあげる、育ててあげることに注力すべきだと思うんです」

小学校低学年や未就学児も多くスクールに通ってくる。この年代にはスキンシップは欠かせない

育成年代の日本選手は、なぜファウルが極端に少ないのか

イタリアと言えば、〝カテナチオ〟という言葉に代表されるように、堅い守備に定評がある。そのため、イタリア人選手には、サッカーの文化、哲学として、貴重なリードを守り切るメンタリティーが備わっているようにも感じる。

それだけにルカ・モネーゼは、日本とイタリアでは守備に対する考え方が大きく異なると言う。また、それが選手のプレースタイルにも影響を及ぼしているという。

「日本では、守備をするときに『我慢しろ』『足を出すな』『飛び込むな』と言いますよね。ヨーロッパでも、このような消極的な守備をしてしまう選手はたくさんいます。でも、そのとき、ヨーロッパの指導者たちは、そうした声を掛けることはまずありません。むしろ、『ボールを奪いに行け』『チャレンジしろ』と選手たちに伝えるはずです。日本では、相手に抜かれないことが最善の選択という意識がありますよね。でも相手に抜かれない守備だけをしていれば、結果的にボールを奪うことはできない。また、ボールを奪いに行き、突破を許してしまったとしても、それによって、抜かれないようにするにはどうすればいいかを考えるようになりますからね」

実際、日本を巣立ちヨーロッパに活躍の舞台を移した選手が、同様のことを話す。日本ではスライディングは最終手段だが、ヨーロッパでは積極的に狙っていく。

待つのではなく、奪いにいく――まさに守備においての考え方が根本的に違っている。それは、日本とヨーロッパで大きく異なる文化、習慣、さらには思考の相違に起因しているのかもしれない。日本では何事においても、まずは失敗しないことを優先する傾向にある。一方、イタリアをはじめとするヨーロッパでは、たとえ失敗やミスにつながったとしても、チャレンジした姿勢を評価する。サッカーにおいては前に出た積極性をたたえ、ボールを奪いに行った勇気を褒める。これはJリーグで活躍したある選手から聞いたエピソードだが、日本人監督は『何をやっているんだ』『そこはこうだろ』とマイナス面ばかりを強調する。一方で外国人監督は、素晴らしいプレーには『ブラボー!』『エクセレント!』と、プラス面を見つけ、声を掛けてくれることも多いという。賞賛してくれるその言葉をもっと聞きたくて、選手たちは自然と、より奮起するようになるのである。

日本人はネガティブ思考で、ヨーロッパの人々はポジティブ思考が強いと感じるのも、こうした文化や思想の違いにあるのかもしれない。また、この習慣が、サッカーにも、選手のプレースタイルにも影響を及ぼしているとモネーゼは説くのである。

「日本のユース年代の試合を見ていても、1試合を通してファウルが数回しかないゲームを見ることがあります。ファウルが少ないことがよしとされているのかもしれませんが、サッカーというスポーツを考えると、そうした状況は決していいとは言えません。なぜなら、そこにはフィジカルコンタクトがないということだからです。特にユース年代において、相手にぶつかって競り合えば、ある程度はファウルになる場面も増えてきますよね。インテンシティやデュエルという言葉を日本人からも聞きますけど、それを高めるには、日頃から積極的にフィジカルコンタクトを行っていく必要はあります」

一方で、イタリアをはじめとするヨーロッパの選手たちと、日本人選手たちを比較したとき、強みとなる優位性も日本人にはあるとモネーゼは話す。

「日本の子どもたちは、イタリアの子どもたちと比較しても、完成するタイミングは早いと思います。それは技術的な部分はもちろん、身体を自由に動かせるというコーディネーション能力を見ても強く感じています」

そこは日本の学校教育におけるメリットと言えるだろうか。小学校のときから体育の授業で、さまざまな競技や動作に触れている日本の子どもたちは、イタリアの子どもたちよりも、いわゆる運動神経が高いというのだ。身長やフィジカルではヨーロッパの選手たちに敵《かな》わないが、スポーツの基礎となる運動能力や柔軟性、俊敏性は、やはり世界的に見ても誇れる部分だ。

「ただ、そうした優位性が途中で止まってしまうのが現状の日本の課題としてはありますよね。ある程度の段階までは完成していても、それ以上は伸びていかない」

ジュニア年代を見たとき、日本人は運動能力に加え、サッカーにおける技術面では、ヨーロッパや南米の選手たちに引けを取らないという話をよく聞く。だがユース年代、さらには18歳以上になると、追いつかれ、さらには追い越されてしまうという現状がある。そこには、欧米人との成長速度や体格の違いという側面もあるが、ユース年代から先の指導において、日本人の特性を生かした育成方法が確立できていないという課題もあるだろう。

長期的な視点が求められる日本の育成年代の指導方針

サッカーにおいて歴史、文化、環境、さらにはビジネス面と、あらゆる分野において、日本よりも先んじているヨーロッパの列強も、〝成功〟と〝失敗〟を繰り返して今日があるという背景を忘れてはならない。

例えば、ドイツである。ブラジルで開催された2014年のFIFAワールドカップで4度目の世界一(西ドイツ時代を含む)に輝いた彼らだが、長く冬の時代を歩んできたことを忘れてはならない。94年、98年大会はベスト8止まり、EURO(ヨーロッパ選手権)に関しては、00年と04年の2大会連続でグループステージ敗退を余儀なくされた。その後、ドイツ代表を率いてタイトルをもたらしたヨアヒム・レーヴ監督の功績ばかりがクローズアップされているが、その過程には代表チームの低迷を受けて、ドイツサッカー協会が選手の育成に着手してきた成果がある。また協会だけでなく、各クラブもテクノロジーの導入や環境整備に力を入れて、〝強い〟ドイツを復活させようと尽力してきた。今では、U－9までの年代においては5人制サッカーを、U－13までの世代では9人制サッカーを推奨し、選手に多くの試合環境を与えるなど、独自の施策と工夫を凝らしている。

南アフリカで行われた10年のワールドカップで初優勝し、08年と12年のEUROで連覇を成し遂げたスペインにしても同様だ。ワールドカップの舞台では、彼らは長らくベスト8止まりで、98年にはグループステージ敗退という屈辱も味わっている。そうした状況を脱却すべく、スペイン代表はバルセロナに象徴されるようなポゼッションサッカーを取り入れて、世界の頂点に立った。ただ、結果を残した背景には、スペイン全体でテクニックに優れた選手を育成しようと働きかけてきた過程があったことは言うまでもない。

18年のワールドカップで優勝したフランス、さらにはベルギーやオランダ、イングランドといったヨーロッパの各国もまた、こうした試行錯誤を繰り返してきている。

イタリアもまた、同様である。94年のワールドカップで決勝に進出しているイタリアは、06年のドイツ大会で4度目の優勝を達成した。だが、ここから衰退の一途を辿っていく。10年と14年の2大会連続でグループステージ敗退を喫し、さらに18年のロシア大会では予選で敗れ、本大会進出も叶わなかった。まさに、イタリアは冬の時代に突入していったのだ。

「これはイタリアサッカー協会というか、イタリアサッカー界全体に言える問題でしょう。サッカー文化として、確実に穴が空いていた時期であるとすら言われています。それは、我々ACミランを率いたアリゴ・サッキ（87〜91、96－97とACミランを指揮）がゾーンプレスによって、ヨーロッパのタイトルを獲得して、一時代を築いたことによる影響がありました。その戦術が国内やヨーロッパの大会でも成果をあげたことによって、多くのチーム、さらには下部組織の子どもたちにまでゾーンプレスは浸透していきました。ゾーンプレスでは、1対1の対人の勝負よりも、数的優位な状況を作り出すことを重視します。その結果、イタリアでもインテンシティが足りない選手、また対人に強い選手が育たなくなってしまった時期があります。イタリアの特長でもある素晴らしい、かつ粘り強いディフェンスというものが一気に消えてしまったことは、負の要素と言えるかもしれません」

日本でも、フィリップ・トルシエ監督が標榜した〝フラット3〟によって、02年のワールドカップで初の決勝トーナメント進出を果たすと、3バックが流行し、Jリーグの各クラブだけでなく、ユース年代のチームにまで影響を及ぼした。アルベルト・ザッケローニ監督がインテンシティを、バヒド・ハリルホジッチ監督がデュエルを提唱すれば、そこに注視するようになる。代表チームはその国のサッカーを映す鏡でもある。それは日本だけでなく、ヨーロッパの列強においても変わらない。

「そうした背景もあって、イタリアでも、育成年代から指導を見直す動きがありました。12歳以下まではオフサイドを適用せずに試合をさせるようになったのです。オフサイドにばかり気をとられて、ＤＦはラインの上げ下げばかりを意識してしまう傾向があったからです。それによって対人に強い選手が育たなくなる。日本でもそうした視察は行っているとは思いますが、イタリアの協会にも、スペインやオランダ、ドイツのサッカーを見て学んでいる部門があります。ほかの国から学び、持ち帰ったものをイタリア国内に、どう落とし込んでいこうかと考えるんです。そして、その内容が私たち指導者にも下りてきます。また、その指針や方針は毎年のようにアップデートされていくので、私自身も年間60時間にも及ぶ講習を毎年のように受けているんです」

危機感を感じたイタリアは新たな施策に取り組んでいる。ただ、ドイツやスペイン、さらにはフランスやオランダといった強豪国も、その成果が出るまである程度の時間を要したように、育成年代における取り組みが結果として表れるまでには、その指導を受けた選手がプロとして活躍するまで待たなければならない。それだけに、10年、20年と先を見据えた指導を行っていけるかが大切となる。

世界のトレンドを模倣することで、毎回のようにワールドカップの本大会に出場できるようになった日本だが、やはり次のステップとしては、ヨーロッパなり南米が取り組んでいることを吸収し、日本独自のものへとブラッシュアップしていくことが必要だろう。

育成年代に携わるヨーロッパの指導者たちの多くが、今ではなく、その選手の未来を見つめているのと同様に、日本サッカー界もまた、先を見る力が問われている。

第 7 章

育成年代・世界と戦うために必要なものとは

日本サッカー協会　ナショナルコーチングスタッフ
U-18 日本代表監督　JFA インストラクター

影山雅永

「(育成年代の選手には)実力が拮抗した中で発揮できる技術や戦術眼、心の強さを身につけてほしいですね」

かげやま まさなが／1967年5月23日、福島県出身。福島県立磐城高校卒業後、筑波大学に進学。一時は選手を諦め同大学院を受験し合格するが、日本サッカーリーグ(JFL)の古河電工の誘いを受け、大学院を休学して現役を続行する。その後、92年にジェフ市原、95年に浦和レッズ、96年にブランメル仙台でプレー。同年限りで現役を引退する。引退後に筑波大学大学院に復学。大学院修了後はドイツに渡り、ケルン体育大学で学びながら1FCケルンのU-16をコーチとして指導。その後06年にマカオ、08年にシンガポールで指導者生活を経験。帰国後、ファジアーノ岡山のヘッドコーチ、監督を歴任し、17年にU-18日本代表監督に就任。19年5月、ポーランドで行われたU-20ワールドカップで、日本代表の指揮を執った。

育成年代の選手に「未知との遭遇」を経験させる意味

ここまで日本サッカーの育成年代に携わるさまざまな人の話を聞きながら、現状や課題について考察してきた。その中で、日本がさらに世界へと打って出る、世界で結果を残すということを考えたとき、実際に国際大会で世界のトップ・オブ・トップを体感してきた人物の意見に耳を傾けるべきだろう。2019年5月にポーランドで行われたFIFA U-20ワールドカップで、日本代表を率いた影山雅永こそ適任者ではないか。

影山の指導者としてのキャリアに触れておくと、96年にブランメル仙台（ベガルタ仙台の前身）で現役を引退した後、母校の筑波大学大学院に復学すると、98年ワールドカップに臨んだ日本代表チームで対戦相手のスカウティングを担当。その後同大学院を修了するとドイツに渡り、ケルン体育大学に通いながら1FCケルンのコーチとして指導者の道を歩み始めた。

「ケルンでU-16のチームを見た後、一度日本に戻ってきて、06年からマカオで代表監督とテクニカルダイレクターのような仕事を2年間しました。その後、08年にシンガポールに移り、同国のU-16代表チームを指導しました」

09年に日本に戻ってきた影山は、ファジアーノ岡山のヘッドコーチ、監督を歴任。15年より再び日本サッカー協会（JFA）の仕事に携わるようになると、地域ユースダイレクターやナショナルトレセンのコーチを経て、17年にU－18日本代表の監督に就任。その後、U－19、U－20と、その年代の選手とともに持ち上がりで指導を継続してきた。

ドイツでの指導経験もあれば、アジアの育成年代も見たことがある。その目線から、日本と世界の差、さらには日本の育成年代の特徴を語ってもらうことにした。

「U－18日本代表は、チームが始動した当初は多くの選手が『プロの世界とはなんぞや』ということを理解しきれていないところがありました。選手は18歳で選ばれるわけですからね。そこからU－20ワールドカップまでの2年間というものは、彼らにとってものすごく凝縮された時間になったということだけは確かです」

簡潔に説明すれば、U－20日本代表は、この年代の集大成とも言えるU－20ワールドカップを目指し、U－18日本代表から活動をスタートさせる。影山が率いたチームを例にすれば、17年に活動をスタートさせ、キャンプ、遠征を行いながら選手の強化を進めていった。17年にはAFC U－19選手権の予選を戦い、18年には本大会に臨んだ。準決勝でサウジアラビアに0－2で敗れたが、ベスト4に進出したことで、19年のU－20ワールドカップの出場権を獲得した。

「チームが始動した当初は、プロにもなっていない高体連の、もしくはJクラブのアカデミーに所属している選手たちの集まりなんです。それが2年後、ポーランドに行くときには、J1やJ2のクラブで中心になっている選手もいれば、海外移籍を視野に入れている選手すらいる。それくらい、この2年間に彼らは成長しているわけです。これから大人になり、プロになって、自分をどう大成させていくのかという意味では、非常に濃密な2年間を預かっているということになります」

この言葉だけでも、高体連、もしくはJクラブユースを巣立った選手たちが、わずか2年の間に大きく成長することが分かる。ポーランドで行われたU－20ワールドカップに招集することは適わなかったが、GKの大迫敬介を見ても明らかだろう。U－18日本代表が活動をスタートさせた17年、彼はサンフレッチェ広島ユースの一選手でしかなかった。その後、18年にトップチームに昇格してプロになったが、この年の出場機会はなし。だが、19年は先輩である林卓人からポジションを奪うと、サンフレッチェの正GKとしてJ1の舞台で躍動。U－20ワールドカップに招集できなかったのも、A代表として同時期に行われたコパ・アメリカを戦うメンバーに選ばれたためである。FCバルセロナBに所属する安部裕葵や、マジョルカでプレーする久保建英もこのU－20日本代表に選ばれるべき世代ではあったが、彼らもコパ・アメリカを戦う日本代表に招集され、今や世界を舞台に戦っている。

これだけ急激に飛躍する年代を指導する醍醐味とは何なのだろうか。

「僕ら世代別の日本代表の活動は、海外遠征が中心になります。海外というのは、彼らにとって『未知との遭遇』なんです。これだけ交通の便が発達し飛行機も頻繁に飛んでいるとはいえ、島国である日本ではヨーロッパや南米のチームと試合をする機会はそれほど多くはない。それだけに、1試合や2試合、ヨーロッパや南米の強豪と対戦しただけでも、『世界はこういうものなのか』と、彼らの中の基準が塗り変えられるんです」

安部や久保がより競争の激しいヨーロッパで奮闘する姿を見れば見るほど、その言葉は重く突き刺さる。

「海外遠征から戻ってきた後、所属チームの監督やコーチと話をして、『彼にとって、相当刺激になったようで、日常の練習まで変わってきました』などという話を聞くと、うれしくなりますよね。正直選手を預かった1~2週間くらいで、『できなかったことができるようになりました』というほど、大きく変えることはできない。それだけに、彼らに刺激を与え、『世界と戦うというのはこういうことだ』というのを知ってもらう。それを所属チームにも持ち帰ってもらう。そんな経験を積み重ねていってもらえば有難いですね」

〝目の色が変わる〟という言葉があるが、育成年代ではそうした瞬間を目の当たりにすることが多々あるという。世界の強豪と対戦し、知らなかった世界を知る。それが刺激となり、日々の練習や試合への向き合い方が変わっていくのだ。

「1試合でも多く経験させたかった」U－20ワールドカップ

２０１９年５月にポーランドで行われたU－20ワールドカップに臨んだ日本代表は、グループステージを１勝２分で終えると、グループ２位となりラウンド16に進出した。韓国と対戦したラウンド16は、終了間際の84分に失点し、０－１で敗れて大会から姿を消すこととなった。

実際に指揮を執った影山は、この大会をどのように総括しているのだろうか。

「まずグループステージに関しては、もちろん３勝したかったですが（笑）、そうした結果は残せませんでした。とはいえ、エクアドル、メキシコ、イタリアといった強豪ひしめくグループに入って３試合を負けなしで終えられた。その結果、決勝トーナメントに進むことができたというのは、悪くない結果だったのかなと。しかも試合を重ねるたびに、ゲームの流れが良くなっていきましたからね」

グループステージを振り返れば、初戦のエクアドル戦は１－１だった。前半終了間際に先制を許すも、68分に山田康太（名古屋グランパス）の得点で追いついての勝ち点１だった。

「U－20の大会とはいえ、やはりワールドカップ独特の雰囲気というものがあって、さすがに初戦は選手たちからもプレッシャーや緊張感というものを感じました。でも、今大会のメンバーに選んだ21人のうち、半分は２０００年生まれ。その世代は、17年にU－17のワールドカップをすでに経験しているんです。しかも、決勝トーナメント1回戦では、同大会で優勝したイングランドとギリギリの戦いをしながら敗れるという悔しさを味わっています（試合は0－0で、PK戦により敗退）。それもあって、00年生まれの選手たちは、そのイングランド戦が自分たちの基準になっていったんです。さらにひとつ前の世代には、冨安健洋（ボローニャ）や堂安律（PSVアイントホーヘン）がいて、彼らがこの大会で自信をつけたことによって、海外で活躍しているということも頭には入っている。世界に出ることが決して特別なことではないという意識が、彼らの堂々としたプレーにつながっていたのかもしれません」

第2戦は、北中米の雄・メキシコとの対戦だった。21分に幸先よく宮代大聖（レノファ山口）のゴールで先制した日本は、52分に田川亨介（FC東京）が追加点を挙げると、77分にも宮代がゴールを決めて3－0で勝利した。第3戦となったイタリア戦は0－0で引き分け。結果、イタリアに続くグループ2位になり、ラウンド16では韓国と対戦した。

「我々としては、韓国ではなくポルトガルが来るのではないかと予想していました。グループステージで対戦したエクアドルは南米王者（南米ユース選手権優勝）、イタリアはヨーロッパ2位（UEFA U－19選手権）。ポルトガルはその大会で1位になっているチームだったので、選手たちにはポルトガルと対戦させてあげたかったんです」

そのポルトガルはグループ3位に終わり、まさかのグループステージ敗退。結果的に日本は同じアジアの韓国と対戦することになった。日本は、今大会で準優勝した韓国に0－1で敗れて、ベスト8進出を逃した。敗戦を受け、コパ・アメリカに招集された大迫がいれば、安部がいれば、さらには久保がいればという声が少なからず挙がったのも事実だ。だが、ひとつ言えるのは、この大会で優勝することが選手たちの最終目標ではないということだ。

「監督としては、チームを勝たせたいですし、選手を活躍させてあげたいと思うものなので、彼らがいたほうがベターだったかもしれません。でもあくまでU－20日本代表は、育成のカテゴリー。ここで最終形を迎えるわけではないんです。彼らが将来日本代表に入って、ワールドカップで活躍したり、海外のトップクラブで活躍したり、Jリーグのトップクラブで日本を引っ張っていくことに目を向けるべきなんです」

彼らが目指しているのは、U－20の世界大会で燃え尽きることではない。A代表で、さらに言えば世界で活躍することである。だからこそ、U－20ワールドカップを戦った選手たちに「1試合でも多くゲームを経験させたかった」という影山の思いも理解できる。

また、「若い選手たちが国際経験を積む機会は、それほど多くはない」と影山が語ったように、世界のトップ・オブ・トップと言われる強豪と真剣勝負ができるU－17であり、U－20のワールドカップは、島国である日本にとって選手の実体験という意味では欠かせない大会だ。

U－17ワールドカップでは、未だベスト4以上に進めてはいないが、それでもベスト8まで進出した11年大会を経験した南野拓実（ザルツブルグ）や中島翔哉（ポルト）、植田直通はすでにヨーロッパの舞台で戦っている。U－20ワールドカップでは、99年にナイジェリアで行われた大会が記憶に残っていることだろう。この大会で準優勝を経験した小野伸二、高原直泰、中田浩二、稲本潤一、小笠原満男らは続々とヨーロッパに飛び立っていった。彼らが黄金世代と呼ばれるにふさわしい実績を残せたのは、この大会で世界のトップレベルを体感したことが間違いなく大きかったからだと言える。

韓国戦でのVAR判定で、日本選手には動揺が広がった

U－20ワールドカップに話を戻すと、韓国との試合で相手GKが弾いたこぼれ球を、郷家友太が押し込み日本が先制したかに見えたシーンがあった。だが、同大会に導入されていたVAR（ビデオ・アシスタント・レフェリー）により、得点が取り消されたのである。

「試合後、選手たちとも話したのですが、VAR自体が初めての経験という選手たちばかりでした。一方、韓国ではすでに国内リーグでVARが導入されていて、経験値があった。実際、キャプテンの齊藤未月（湘南ベルマーレ）も『15分くらいは、チーム内に動揺があった』と、試合後に話していました。そうしたことも、あの試合に関していえば影響があったのかもしれません。サッカーのルールが改正されて、あの大会が最初のモデルケースとされた大会でもあったんです」

影山が指摘するように、ＶＡＲだけでなくゴールキックをペナルティーエリアの中で他の選手が受けてもいい、またスローインが行われる位置から相手選手は２ｍ以上離れなければならないなどといったルール変更もこの大会で導入された。ＶＡＲに関しては、選手たちは国内外問わず、なかなか経験できずにいた。一度、ＳＢＳカップ国際ユースサッカーでＶＡＲを導入したが、当該試合でＶＡＲが必要な状況は起こらなかった。

「選手たちにＶＡＲを想定したトレーニングを積ませるべきという意見もありますが、やはり１点の重みがある状況、例えばＪリーグの公式戦などで経験できていればよかったとは思います。ＶＡＲはＪリーグでも20年から始まるように、これから導入される機会は増えていくでしょうね。ＦＩＦＡが長い時間を掛けて議論し、導入したシステム。恐らくなくなることはないと思います。育成年代の選手たちにしても、適応していくしかない。我々も痛い目に遭ったので、次の世代、次のチームにフィードバックしていくことができればと思っています」

サッカー文化が根付いていることを実感したイタリア戦

結果的に２０１９年のＵ－20ワールドカップでは、ラウンド16で敗退する結果になったものの、世界大会を経験したことで選手たちには得るものも大きかった。

「韓国戦では０－１で負けてしまいましたが、我々も決定機を多く作り出すことができました。

韓国戦に限らず、この大会では4試合を通して、いろいろなスタイルのチームと戦いました。その中で、日本選手たちは全くひけをとらなかった。確かに身体の大きさでは、世界の選手たちに敵わないかもしれない。でも高さという部分においては、今回出場したチームの中で平均身長は真ん中よりも少し上くらいなんです。そのため、高さの差みたいなものを感じることはなかったですし、デュエルと言われる1対1の勝負でも、それほど負けたという感覚はありませんでした」

試合を見れば、選手たちは世界の強豪を相手にしても、物怖《ものお》じすることなく戦っていた。

「相手に敬意を持たなければならないが、リスペクトしすぎない」

これはA代表と五輪代表を率いる森保一監督がよく発する言葉でもある。

「U-20ワールドカップに臨む1週間ほど前に、コロンビアとトレーニングマッチをしました。初戦の相手がエクアドルということもあって、南米のチームの特徴をつかむ必要があったので。ボールに寄せてくるスピードや足の出し方もヨーロッパ勢とは違いますし、何より190センチくらいある身体能力の高い選手が、野性的にボールを奪いに来たりもしますからね。実際、コロンビアとの試合では、選手たちは前半ほとんど何もできなかったんです。でも、次第に慣れてきて、後半にはきちんと対応できるようになっていきました」

まさに『未知との遭遇』である。

「世界に出れば、そうした『未知との遭遇』が頻繁にある。選手たちは初めての経験だけに、最初は驚いてしまうんです。でも、コロンビア戦でも後半慣れてきたように、経験することで変わっていく。南米もそうですし、アフリカのチームもそうです。彼らと対戦した経験があるかないかで、対応や対処の仕方も変わってくる」

それこそが日本の強みでもあると、影山は力強く言う。

「経験を次の試合や機会に生かす。その学習能力の早さや高さというものは、日本人独特のものだと思うんですよね。パワーやスピードに弱いと言われている部分はあるかもしれませんが、それも、慣れや経験によって解消することができるのではないか。経験したことによって、次は勝つための対策であり方法を模索していく。それを、あの4試合の中から選手たちに感じることができました」

グループステージ第3戦で戦ったイタリアからは同国に根付くサッカー文化を感じていた。

「イタリアは僕らとの試合に、メンバーを大きく代えてきましたよね（※イタリア代表は前の試合のエクアドル戦からスタメン11人中9人を変更）。彼らは僕らに敗れれば、2位になる可能性があったのにもかかわらずですよ。でも、彼らは引き分けでもOKという状況で、それをきっちりと体現できるチームでもあった」

第2戦を終えて、イタリアの勝ち点は6。日本の勝ち点は4。結果的に3位となったエクアドルの勝ち点は1だった。この時点でイタリアの決勝トーナメント進出は決まっていて、日本に敗れたとしてもグループ2位で突破、引き分け以上で1位通過を確定させられる状況にあった。

「我々は攻める回数も多く、押し込めた時間帯もありましたが、最後のところではイタリアに身体を張られ、得点を許してもらえなかった。堅い守備というものを彼らは最後の最後までやり遂げたんです。これはイタリアのサッカー文化でもあるのですが、『ウノゼロ』（イタリア語で1－0という意味）の美学ですよね。引き分けで試合を終わらせようとするゲームプランを最後まで遂行し、完遂することができるというのは、やっぱりサッカー文化のある国だなと感じました」

『ウノゼロ』。イタリアには最小得失点差である1－0で勝利することが美しいという哲学がある。そのため、先制すればそれを守り切り、無失点で試合を終える戦い方が代々、浸透している。これは10年、20年といったスパンで身につくものでは決してない。50年、100年単位で、彼らのDNAに刻まれてきたものと言えるだろう。一方、日本人の特長が適応能力の高さと早さであるとするならば、それを生かした戦い方であり、相手を見極めたうえで柔軟に対応する戦い方を身に付ける必要があるだろう。そのために日本は、世界に出て、ヨーロッパ、南米、さらにアフリカといった異なる特性を持つ相手に打ち勝つすべを探る必要もある。

影山が感じた「イタリアにはサッカー文化が根付いている」という言葉からは、日本が歩んでいくべき道のヒントが隠されているような気がした。

高体連とJクラブユースの足りない部分を補い合うプレミアリーグ

今回のU-20ワールドカップに出場した21人の選手を見ると、Jクラブユース出身の選手が15人、一方の高体連は、郷家友太、茂木秀（セレッソ大阪）、西川潤、鈴木冬一（湘南ベルマーレ）、三國ケネディエブス（アビスパ福岡）の5人だった（p239、表⑫）。準優勝した1999年大会に臨んだ選手を見れば、クラブユース出身は5人で、高体連出身の選手が13人（当時は登録が18人）と、今回とは真逆の割合だった。この間、Jリーグのアカデミーをはじめとする育成組織が整備され、優秀な選手は若いうちから、アカデミーでプレーする環境が整えられたという証拠でもある。19年大会を戦った21人のうち、小学生からJリーグのジュニアチーム、もしくはスクールに通っていた選手は半数を超えていることからも、早い段階で質の高い指導を受けていたことが分かる。

だが、影山は次のような見方もできると話してくれた。

「日本サッカー協会に登録している第2種（高校生年代）の選手のうち、Jリーグのアカデミーに所属している選手は、全体のパーセンテージで見たとき1％にも満たないんです。残りの99％は高体連のチームでプレーをしている選手たちになります。確かにプロになるような選手、もしくは優秀な選手というのは、Jリーグのアカデミーを選択することが多いですが、中村俊輔選手、本田圭佑選手のように、ジュニアユース時代にはJリーグの育成組織にいてもユースには昇格できなかったという事例もある。中村選手のように、15歳のときにはまだ身体が育っていないというケースもあります。また、高校3年間の間で試合に出る、出ないというのでも大きく変わってきますよね。1年生のときから試合に出ていた選手と、3年生になってようやく試合に出られるようになった選手とでは成長に大きな差がある。日本人の身体の伸び率を考えたとき、また経験というものを考えたとき、15歳の段階ではまだまだ判断しきれないところはあると思います」

だからこそ、影山は言う。

「中学を卒業したときに、Jリーグのアカデミーでプレーをするのか、高体連のチームでプレーをするのか。この2つの選択肢があるということが、逆に日本の強みでもあるんですけどね」

影山の言葉を借りれば、サッカーにおいての適応力と柔軟性が日本人の強みとするならば、環境においては高体連サッカー部とクラブユースという選択肢があることが日本の強みとなる。

育成年代の日本代表を見渡したとき、クラブチーム出身の選手が目立つからといって、クラブチームが優れていて、高体連のチームが劣っているかと言われたら、決してそうではないという。

「どちらにもメリット、デメリットはありますよね。例えば高体連のチームで、部員の数が100人以上いたとします。その100人のうち、ピッチに立てるのは11人しかいないわけですよね。その中でポジションを勝ち取るためには、強靱なメンタリティーも必要になってくるでしょうし、もちろん技術も高くなければいけない。でも、試合に出られない残り90人の中にも、光るタレント（才能）を持っている選手はいると思うんです。そうしたとき、その選手たちがどのような環境でプレーしているのか。例えば、指導してくれるコーチやスタッフがいるのか。そこも含めて、レギュラー以外の部員がモチベーションを切らすことなく練習に取り組めているか、といったことも重要になってくると思います」

高体連のチームはメンタルが強くて、Ｊクラブユースの選手は技術が高いということは一般的に広く語られているが、影山はそれに関しても異論を唱える。

「私個人の意見としては決して、そんなことはないと思っています。実際、プレミアリーグが立ち上がった経緯も、そうした意識や考えが払拭されることを期待して創設されたということもあります。高体連の選手たちはメンタルだけでなく技術をしっかりと磨き、クラブチームの選手たちは技術だけでなく戦う姿勢も身につけていく。リーグを継続することで、クラブチームも高体連のチームもお互いにいい方向に引き寄せ合っていると感じます。両者にとって、足りなかった部分を埋め合っている。だからプレミアリーグは面白いリーグになってきているんだとも感じます」

日本のいい部分をベースにして、足りないものを海外から補う

影山は、福島県立磐城高校サッカー部でユース年代の3年間を過ごした。

「僕自身は高体連のサッカー部で育ってきましたし、それは今なお青春の大事な部分です。一方で、Jリーグが創設されプロ化が進み、その動きの中でJリーグのアカデミーが成長し、世界と互角に戦えるようにと努力を重ねてきています。けれども高校生のうち99％の選手が高体連のチームでプレーしている。仮にこれがなくなってしまえば、日本のサッカー人口は激減します。Jクラブユースに有望な選手が集まってくることは確かですが、その数はわずか0・8％の狭き門。一方、99％の高体連の選手も力をつけているのは確かで、そのためユース年代においてはプレミアリーグを頂点とする各リーグ戦で、両者が拮抗した戦いを繰り広げているのです」

本場のヨーロッパや南米のクラブチームの長所と、学校教育の一環である部活動のサッカー部とをリーグ戦を設けて融合させようという試みだった。この独自の育成システムは日本の財産でもあると、影山は言う。

「ドイツをはじめとするヨーロッパと比較する必要は全くないと思います。日本では学校の中でスポーツを教えていて、同時に生活指導も行っているからこそ道徳観を育むことができる。そうした学校での出来事が、クラブチームの監督やコーチにとって無関係かと言うと、決してそんなことはない。クラブでも所属選手が通う学校とは連携を取っていますし、中には進路の相談にのるコーチもいる。サッカーのプロ指導者であるにもかかわらずですよ。これはヨーロッパではまず考えられないことですね」

日本のいい部分はベースとしてしっかり持ち、足りない部分をヨーロッパや南米から吸収することで補っていけばいい。

「だからこその『未知との遭遇』、つまり世界へ目を向けることが必要なんです。いくら競争意識を高めても国内では足りない部分もある。Jリーグのアカデミーの多くが年に1回は海外遠征を組んでいますし、高体連の強豪校では海外遠征を行っているチームもあれば、高校選抜チームは毎年海外の大会に参加しています」

影山は、ドイツのとある指導者とのエピソードを披露してくれた。

「『日本は本当によくやっている。代表の活動、育成、タレントの発掘、さらには指導者の養成。サッカー界が成長していくために必要なことをすべてやっている』と褒められた後、続けてこう言われたんです。『ヨーロッパの国よりも、日本のほうが多くのことに取り組んでいるかもしれない。だが、それでもヨーロッパには追いつけない』とね」

その言葉に心底悔しさを感じたという。だが、理に適ってもいた。

「『ヨーロッパ内で行われている競争力を、日本国内だけで作り出すことができるか』と言われたんです。ヨーロッパではUEFAチャンピオンズリーグと同様の対戦カードで、ユース年代のリーグ戦を行っている。代表レベルでも、毎年のようにU-17、U-19のヨーロッパ選手権を開催していますからね。彼らはクラブレベルでも、代表レベルでも、そうした取り組みをしている。

その指導者に『この競争力を日本国内で作れるか』と言われたときは、本当に悔しかったですけど島国の日本では難しいことは分かる。であるからこそ、国内の強化を粛々と進めていくこと。それに加えて、本場の競争力を体験するために海外遠征などで代表チームを強化していくということが、世界基準を知るうえでは重要なことになります」

実際、UEFAは、世界最高峰の大会としても知られるチャンピオンズリーグの前哨戦として、育成年代の試合を行っている。また、毎年、U-17、U-19、U-21の各世代でヨーロッパ選手権を開催している。

「UEFAが資金を投じていますからね。各国ともにタレントの育成には力を入れていて、優秀な選手をプロにするために、やれることはすべてやっていると言ってもいい。日本がこれに対抗していくには、やはり世界に出て競争していくしかないんです」

スポーツの本質とは「楽しむ」こと。サッカーも例外ではない

これまで、「日本と世界の差」や「世界で経験、体感したこと」などを中心に話を聞いてきたが、少し趣向を変えてサッカーを含めたスポーツそのものの意義に関して話題を向けてみた。

「日本は何でもかんでも、『上を目指せ』という傾向が強いですよね。ときにスポーツ本来が持つ『楽しむ』ということを忘れてしまっていることも多いですよね」

影山は指導者に転身後、ドイツのケルン体育大学に通いながら、1FCケルンのU－16チームの指導に携わった。

「ドイツには学校体育というものがないですからね。水泳の授業にしても学校にはプールがないので、生徒たちは着替えを持って近くの市民プールに行くんです。そこで水泳をして、また学校に戻ってくる。また、午前中に学校の授業が終わるので午後は自由なんです。その時間に子どもたちはクラブに通い、サッカーや体操、陸上といったスポーツをするのが普通の過ごし方です。でも僕がドイツにいたときは、だんだんクラブでスポーツをする子どもが減ってきているということを聞きました。学校から帰っても何もせず、ゲームばかりしている子どもが多いため、『（ゲームを開発した）日本のせいだ』なんて言われたこともあります（笑）。実際、ドイツでは社会問題にもなっていて、運動不足から肥満傾向にある子どもが増えてきていた。最近はまた、改善されてきたみたいですけどね」

話題は自然と、スポーツの本質へと移っていく。

「ドイツでは、午後に時間のゆとりがあるので、自分自身の楽しみのためにサッカーをする子、もしくはブンデスリーガの下部組織のようなところで本格的にサッカーをする子に分かれるんです。日本では、このふたつがまだまだ一緒に考えられていて、個人的には〝何でもかんでも勝つために〟というのではなく、〝楽しむため〟という目的があってもいいと思うんですよね」

スポーツは勝つためにするもの――その傾向が強くなっていくと、競技人口は年齢を重ねるほど減少していくのは仕方のないことだ。影山が言うように、日本においてはスポーツはどこか〝鍛錬〟といったイメージが今なお強い。楽しむという目的でサッカーを続けることもスポーツの在り方のひとつであり、そういう人のためのサッカー部やクラブチームがあってもいいのではないかとすら思える。

ドイツでは、「サッカーを楽しむ」という考えに徹している人も数多くいたという。

「町のクラブで、サッカーを楽しんでプレーしているような子どもの中にも、すごいタレントはいるんです。そこで『1FCケルンでプレーしてみないか？』と声を掛ける。日本ならば、親が『ぜひ！』ということになりますよね。でも、『うちの子は、このチームにたくさん友達がいて、勉強もスポーツも充実しているから、試合に出られないチームに行くよりも今のままでいいんです』と、保護者にはっきりと断られることもある。まさにこれって文化の違いですよね」

確かに日本ならば、高いレベルでプレーできると評価されれば、十中八九、そちらを選択するだろう。だがスポーツ本来の醍醐味は楽しむことにあるという考えが、ドイツやヨーロッパの国々にはしっかりと根付いているのも事実だ。

「日本では、例えばスポーツ推薦という制度があるように、より高いレベルを目指す傾向が強い。その結果3年間ずっと試合に出られずチームの応援に徹していたという話も聞きます。でも、試合に出なければ、スポーツではない。そもそも試合をしなければ、スポーツにおいて一番大事な『楽しむ』という部分がなくなってしまいますよね」

勝つことと、楽しむことは一見、矛盾しているように感じるかもしれない。だが、実は自分自身が成長する過程においては、この「楽しむ」ということが大事だったりする。

最後に、育成年代の日本代表監督である影山に、ユース年代の選手たちが身につけておくべきことを聞いてみた。

「ギリギリのなかで発揮できるものを多く獲得してもらいたいなと思います。例えばメンタル。勝ち負けのギリギリのところで、そこを勝ちきる。負けないように身体を張る。これは拮抗したゲームでなければ発揮されない力ですよね。技術においても、本当にボールを取るか取られるか、球際の激しい試合を経験できるかできないか。実力が拮抗した中で発揮できる技術や戦術眼、心の強さを身につけてほしいですね」

次のU－20日本代表を目指す選手たちは、心に刻んでおくべきかもしれない。

おわりに

本書を通じて日本の育成年代に携わる指導者や関係者に話を聞いたとき、必ずといっていいほど口にしたのが、「試合環境」という言葉だった。それは、日本サッカー協会の関係者も、高体連のチームを率いる指導者も、Ｊリーグのアカデミーに携わる指導者もみな同意見だった。現Ｕ－18日本代表監督の影山雅永が、『未知との遭遇』という言葉を用いて、国際試合の重要性を説いてくれたが、この言葉にすべては凝縮されているように思える。

もちろん、練習は大切である。日々の積み重ねなくして成長はあり得ないからだ。

だが、選手が大きく伸びる過程には、10回の練習よりも1試合の公式戦の方が得るものが大きいこともある。それは２０１９年のＵ－20ワールドカップにおいて、日本代表が南米王者であるエクアドルや、ヨーロッパ２位のイタリア相手に物怖じしない戦いを見せたことでも証明している。影山監督も話していたが、彼らは17年のＵ－17ワールドカップで、同世代のヨーロッパ王者イングランドとＰＫ戦にまでもつれる接戦を演じた。そこで「自分たちもできる」という手応えをつかんだことで自信を持ち、日々のトレーニングにおいてもこのイングランド戦がひとつの基準となっていった。

19年10月、東京五輪を目指すＵ－22日本代表がアウェーの地で、Ｕ－22ブラジル代表に３－２

で勝利したが、これもまさに「経験」の賜物と言えるだろう。彼らの多くは、同年6月に行われた第47回トゥーロン国際大会の決勝で、ブラジルと対戦。PK戦で敗れはしたが、1－1と互角の戦いができたことで手応えをつかみ、「次こそは勝つ」という強い気持ちを抱くことができた。アウェーとなるブラジルの地で2得点を挙げた田中碧（川崎フロンターレ）の活躍は、まさに経験から来る自信の表れだったし、もう1点を決めた中山雄太にしても、A代表として参加したコパ・アメリカでの悔しさや、ズヴォレFC（オランダ）で得た経験が生きているはずだ。トゥーロン国際大会に参加していなかった三好康児もまた、A代表として参加したコパ・アメリカでの経験と、その後、移籍したロイヤル・アントワープFC（ベルギー）での日々がなければ、王者・ブラジル相手にあそこまで堂々としたプレーを披露できたかどうかは分からない。

五輪は、サッカー界において世代別代表の頂点の大会であり、育成年代の集大成の場ともいえる。彼らがこれまでの経験と教訓を生かして、世界の強豪と互角に戦う姿を見れば見るほど、実戦経験というものが、選手たちの成長においていかに重要で、いかに大きいかが分かる。

特にヨーロッパや南米と日本を比較したとき、高校やユースを卒業してプロになってからの成長過程にも着目する必要があるだろう。

先のU－20ワールドカップではメキシコに勝利し、エクアドルやイタリアと引き分け、世界の16強に名を連ねた。また、U－17ワールドカップでもオランダやセネガルを退けて1位でグループステージを突破した日本ではあるが、その先の伸びしろは、世界のトップクラスと言われる選手たちと比較したとき、まだまだ差は歴然としている。彼らは、プロになる18歳以降にグンと伸びていき、20歳前後でスター選手への階段を登り始めるように、いわゆる大人になった時点で大きく飛躍する選手が多い。ヨーロッパの選手であれば、レベルの高いリーグ戦を経験し、さらには世界最高峰であるＵＥＦＡチャンピオンズリーグの舞台を戦っていくこともできる。それにより、彼らは影山監督が言う「未知との遭遇」を繰り返して大きくなっていくのである。南米の選手も同様である。優秀な選手は20歳前後で、ヨーロッパに渡り、そこで自分の名を売ろうと切磋琢磨していく。

日本人も早くからヨーロッパに活躍の場を移す選手は増えてきてはいるが、まだまだ、その舞台はベルギーやオランダ、もしくは欧州のトップリーグと言われるクラブでも、中堅もしくは、残留争いをするチームでプレーしている選手が多い。マンチェスター・ユナイテッドでプレーした香川真司や、ＡＣミランの背番号10を背負った本田圭佑、インテルで存在感を発揮していた長友佑都のように、いわゆるビッグクラブと言われるクラブでポジション争いを繰り広げるほどの選手が出てこなければ、世界の強豪と渡り合うことはもう少し先の話となるだろう。

それだけ、レベルの高い試合を経験することが、選手の成長であり、日本サッカーの発展につながるのである。

それは、ユース年代における日本のトップレベルに限った話ではない。

「試合環境」の充実こそが、選手の育成に大きく寄与することを知っていたから、強豪校と言われる高体連サッカー部を率いる指導者たちは、公式戦の機会を増やそうと、かねてから構想を練ってもいた。そうした動きを受け、JFAは11年よりU－18サッカープレミアリーグを設立し、その下部リーグとして、プリンスリーグや各都道府県リーグを整備してきた経緯がある。これにより、かつては相まみえる機会がほとんどなかった高体連とJクラブユースとの公式戦が実現した。またリーグ戦が設立されたおかげで、トーナメント方式の大会が圧倒的に多かった高体連のチームも公式戦を戦う機会が劇的に増えたのである。

強豪校と言われる高校のサッカー部には、100人以上の部員を抱えるチームもあり、サッカー部に3年間所属していても、一度も公式戦の舞台に立つことなく卒業を迎える選手もいる、という事例は本篇でも触れた。近年、「試合環境」を重視する高体連では、こうした課題を改善しようと、同一学校内でレベルごとに複数のチームを作り、異なる階層のリーグ戦にエントリーすることで、すべての選手に公式戦を経験させる努力をしている。

Jクラブユースにおいては、選手の人間教育の部分が足りないとの指摘を受けると、学校との連携を図って選手の生活指導を行い、進路相談にものる指導者も出てきている。Jリーグの各クラブが、選手の人間形成に力を注ぐのは、高体連のチームをリスペクトしたうえで、「プロで活躍できる選手には人間性は欠かせない」という判断によるものだ。実際、日本代表の選手たちやJリーグで長くプレーしている選手を取材すると、人間的にも素晴らしく、自分の考えをしっかりと述べることができる人物が多い。プレーすることだけではなく、人間性が養われていなければ、プロとして成功することは難しいのである。

逆に、強靱なメンタルを持ち、逆境に強い選手でも、それだけではプロという厳しい世界では生き残れない。反骨精神が強く、競争社会を生き抜いていく力のある選手が多いと言われる高体連のチームが、技術を磨き、個の能力を伸ばそうと取り組んでいるのはそのためでもある。本篇で紹介した本田裕一郎、山田耕介以外にも、全国の高体連の指導者たちの多くは、部員たちと真剣に向き合い、日々研鑽を積んでいる。時間のない中、ヨーロッパや南米に足を運び、本場のサッカーを体感し、海外の指導者たちの言葉に耳を傾ける指導者も中にはいる。これは選手たちを少しでも成長させたいという熱意からの行動と言えるだろう。

本篇でも再三触れてきたが、ユース年代における日本の育成環境は特殊だ。高体連とクラブチームが共存しながら切磋琢磨しているからである。だが、育成年代の頂点に位置するU－17日本代表やU－20日本代表の選手たちが、世界の強豪と競争することで大きく伸びるように、高体連とJクラブユースが切磋琢磨することで、ユース年代のレベルは日々向上している。高体連も

Jクラブユースも、互いの優れた部分を取り入れながら競い合うことで、自ずと日本サッカーは伸びていっているのだ。

A代表の監督でありながら、U－22日本代表監督も兼務する森保一はかつてこう話してくれたことがあった。

「高体連とクラブ。このふたつがあることが日本の良さだと思うんですよね。仮にひとつしか軸がなかったとすると、Jリーグのジュニアユースからユースに昇格できなかった時点で、選手たちはサッカー人生が終わってしまうかのように感じてしまうかもしれない。でも、プロの選手も、J1のチームがダメならJ2に行って再びチャレンジするように、他の受け皿や次の舞台があるという環境は、素晴らしいことだと思う。そこからまたはい上がっていくことができるという仕組み、選択肢は、日本独自のものですよね」

U－18日本代表監督の影山が、Jクラブユースでプレーする選手は、高校年代の競技人口の0.8％でしかないという話をしてくれたが、世界の強豪国と比べてクラブチームの数が圧倒的に足りない日本において、高体連のチームが担っている部分はとてつもなく大きい。今後、クラブチームの数が増えていったとしても、土地が限られている島国の日本では、練習グラウンドの確保や維持という問題がどうしてもつきまとう。そうしたときに学校の校庭が使える、もしくは学校の資金力を投じて人工芝のグラウンドを整備できるというように、高体連のチームが果たしている役割は大きい。

試合環境を整備し、選手の成長する機会は劇的に増えたが、育成年代の日本代表が抱えているように、トップ・オブ・トップにおいては、競争と刺激をどう高め、与えていくかが今後の課題であると言えるだろう。

森保監督は、まだまだ世界との差は大きいと話す。

「育成年代の選手たちに言っているのは、技術と言っても単なるテクニックではなく、身体の使い方やコンタクトの仕方を工夫してほしいということ。あとはボールをインパクトする技術もそうですね。ヨーロッパの選手たちとは筋力が違うと言われてしまえばそれまでですが、インパクトは強く蹴るというものとはまた違うものだと認識しています」

ヨーロッパの各国リーグを見渡せば、シュートを吹かすような選手は少なく、際を狙っているからこそ右に逸れるか、左に逸れるかというケースが多い。一方、日本ではまだまだ枠内シュートの数も少なければ、ゴール前で大きくクロスバーを越えていくシーンも目立つ。これが、森保監督が触れたインパクトの技術における日本の選手に足りない部分なのであろう。

世界に目を向けると、ヨーロッパでは隣国に強豪国がひしめいていて、育成年代でも国際試合や大会を容易に組むことができる。一方、日本では目下、プレミアリーグがユース年代における最高峰の大会になる。UEFAが整備したU－17ヨーロッパ選手権やU－19ヨーロッパ選手権といった代表レベルの大会を毎年開催できる土壌もなければ、クラブチームが取り組んでいる国を越えたハイレベルな大会を実施することもなかなか難しい。そうなると、日本の選手たちが真剣勝負の場で世界を感じることのできる機会は、U－17とU－20のワールドカップだけということになる。それだけに、同大会に出場し続けることは、育成年代の選手たちに〝世界〟を意識させるうえでは、もっとも重要な課題になる。育成年代のうちに、〝世界〟を経験することが、ヨーロッパに飛び出していく決断と覚悟にもつながるし、さらにはワールドカップでの堂々たるプレーへとつながっていくからだ。

同時に、日本国内においては、さらにレベルの高い試合を数多く経験させていくことが課題になってくる。世代別日本代表に選ばれるような選手たちには、海外遠征や強化試合をする機会が与えられるが、それ以外の選手たちに競争を促し、刺激を与える方法を模索していく必要はあるだろう。

次代の日本サッカーを背負っていく逸材として期待されている久保建英は、10歳から14歳までをバルセロナFCで過ごした。彼がバルセロナに渡り何を得たかと言えば、それは競争意識だったという。バルセロナFCで受けた指導内容は、もちろん最先端のものであっただろうが、日本のそれと極端に違うということはなかったという。ただ、彼がバルセロナで過ごした日々の中で、特に強く感じていたのは、「結果を残せなければ、明日は解雇されてしまうかもしれない」という危機感だったという話を聞いた。それはＦＣ東京のＵ－18監督の中村忠も、日本代表監督の森保も、そうした危機感こそが、彼をここまでの選手に成長させたという認識を抱いていた。

ヨーロッパや南米のクラブチームでは、1年単位、あるいはもっと短いスパンで選手が入れ替わる。選手たちは常に緊張感があり、危機感を抱いているために、試合で結果を残そうと躍起になる。一方日本では、Ｊリーグクラブのユースに加入できたことで満足してしまい、成長が止まってしまう選手もいるという。が、そんな選手でも3年間はプレーをする環境が保証されるのだ。日本では学校教育との関係が大きいため、1年単位で選手をふるいにかけるようなシステムを築くことは当面、難しいだろう。

こうした日本独自の教育制度がある以上、「6－3－3」の教育システムの中で、選手を成長させていく道を模索していくしかない。

日本の教育制度であり、学校教育について記述しただけに、この話題にも触れないわけにはいかないだろう。ときに「スパルタ」と表現されることもあるが、指導者の暴言や暴力についてである。

かつては、「練習中に水分補給をさせない」「監督の望むプレーができなければ過度な練習を課す」、もしくは、「試合に負けたり、不甲斐ないプレーをしたことで殴る蹴る」といった行為が日常茶飯事だった時代がある。当時の選手たちは、それを武勇伝のように懐かしい思い出として語ることもあったが、今も昔も、そうした行動や行為は絶対に許されるものではない。昨今は、スマートフォンで気軽に動画が撮影できる時代になり、SNSによる拡散力もあるため、体罰などを受けた場合に選手側から発信する機会もあるが、いまだにそうした暴言や暴力が円満しているスポーツ界の悪しき慣習はいち早く根絶するべきだろう。それは部活動はもちろん、クラブチームにおいても同様である。暴言を吐かなければ、暴力をふるわなければ、選手たちの心に火を付けられない、選手のモチベーションを上げられないというのであれば、それは指導者とは言えないからだ。

また、選手のコンディション管理も同様だろう。かつては、ケガをしている選手を強行出場させたり、連戦を強要することがまかり通っていた時代がある。ケガを抱えながらプレーしたことで、選手生命を奪われてしまった子どもたちも多いはずだ。選手が出場したいと懇願したとしても、それをたしなめることこそが、指導者のあるべき姿ではないだろうか。人間教育の重要性を掲げるのであれば、まずは指導者がそうした行為を改めるべきだろう。練習方法や環境が整い、時代が変わってきた、発展してきたというのであれば、指導者たちもまた変わるべきである。

間違いなく、日本サッカーは過渡期にある。日本代表が初めてワールドカップに出場したのが

98年。そこから20年で、日本はA代表に招集される選手のほとんどがヨーロッパでプレーをしている状況へと変わった。かつては、軽々しく「海外でプレーしたい」と言うことすら許されなかったが、今ではプロだけでなく、子どもたちまでもが、それを「夢」と語るようにもなった。20年が経ち、世界に出ることが当たり前になった今、日本は間違いなく次なる一歩を迎えようとしている。

これまでA代表では、試行錯誤を続けながら世界で戦うすべを探してきた。育成年代においても、高体連のチームとクラブチームが手を取り合い、切磋琢磨しながら、選手たちの強化を図ってきた。

先を行く、ヨーロッパには近隣にライバルがいるからこそ、それぞれがお互いの良いところを吸収し、上書きし、さらに先へ進もうとしている。ならば、日本にも好敵手がいたほうがいい。高体連はクラブから、クラブは高体連から――お互いに良いところを吸収していくことで、さらなる成長は望めるように思える。それこそが、日本独自の、日本にしかない競争意識でもあるのだから。

あとがき

本書では、「高体連のチーム」と「Jリーグアカデミー」という対照的なふたつの構図を比較し、それぞれの特徴であり、ときにはデメリットも指摘するというデリケートなテーマに踏み込みました。それだけに、取材を始める前は、どこまで関係者や指導者の方々が話をしてくれるのかと、不安もよぎりました。でも、本書に登場してくれた方々は、快く取材に応じてくれ、それぞれの意見や考えを話してくれました。

日本サッカー協会においては、育成年代全般を幅広く見るアカデミーダイレクターの池内豊さんや、育成年代の指導現場に立つU－18日本代表の影山雅永監督が登場してくれました。池内さんは、変遷や現状だけにとどまらず、日本サッカー協会としての取り組みや将来的な展望まで言及してくれました。影山監督は、先のFIFA　U－20ワールドカップで埋められた世界との差、はたまた感じた課題について、海外での指導経験も踏まえて語ってくれました。高体連のチームを率いる指導者としては、流通経済大学付属柏高校の本田裕一郎監督と、前橋育英高校の山田耕介監督に協力を仰ぎました。ともに選手権優勝経験のある名将。長年にわたり高校生の指導を行ってきているだけに、話は興味深く、生徒の心を引き込む生きた言葉とは、こういうものかと膝を叩きました。Jリーグアカデミーからは、FC東京U－18の中村忠監督、柏レイソルのアカデミーダイレクターとして活動する渡辺毅さんに話を伺いました。クラブチーム出身である中村監督は、クラブの誇りとともに、トップチームと連動しながらチーム作りを進めていく方向性を示してくれました。渡辺さんは、柏レイソルが取り組んでいる日本体育大学柏高校との連携、地域との関わり合いを通じて、Jリーグクラブのあるべき姿を聞かせてもらいました。また、ACミランアカデミー千葉のテクニカルディレクターであるルカ・モネーゼさんには、ヨーロッパの育成システム、さらには哲学、思想、文化を学びました。ときに語ってくれる日本サッカー界に対する厳しい意見は、今後の参考になるだけでなく、生かせるものばかりでした。

また、本書の執筆に際しては、登場してくれた方たち以外にも、育成年代の指導に携わるさまざまな指導者や関係者から話を伺いました。テーマを説明すれば、多くの人たちが関心を示してくれ、それぞれが持つ知識を余すことなく教えてくれました。その都度、子どもたちの指導に当たる人たちの熱意を感じ取ることができ、執筆するうえでの励みになりました。

指導者や関係者に話を聞いていく中で感じたのは、お互いがお互いの存在を強く意識しているということでした。「高体連」の指導者は、やはり「Jアカデミー」には負けたくないという意地があり、それがサッカーを勉強し、最先端のトレーニング方法や施設、機器の導入にまでつながっていました。一方、「Jアカデミー」の指導者も同様で、「高体連」のチームを率いる諸先輩方をリスペクトしつつ、追いつき追い越そうと、選手たちの人間性にも目を向けていました。冷静に語ってくれていても、言葉の端々から強いライバル意識が垣間見え、私が言うのもおこがましいですが、微笑ましく思ったほどです。

同時に、その強いライバル意識こそが、日本のサッカー界を飛躍させ、選手たちを成長させるエネルギーになっているとも感じました。選手たちに技術の向上、勝利への執着心を促す前に、彼ら自身が負けたくない、さらに成長したいという情熱を感じたからです。

また、彼らの目は、お互いだけでなく、確実に世界にも向いていました。選手の育成という分野においても、強豪と呼ばれる世界の国々に追いつき追い越そうとする視線があったから、トライ&エラーを繰り返しながらも、Jリーグ創設から30年あまりでこれだけ世界に飛び出す選手が増えたのだと思います。

すべてを世界に倣《なら》えば、強くなれるかと言えば、決してそんなことはないのでしょう。例えば、体格で劣る日本人には、フィジカル頼みのサッカーは不向きなように、日本人には日本人の特長、強みがあります。強豪国の優れているところは取り入れ、適応できないところは変える。完全に模倣できるところが日本人の特長とするならば、いいとこ取りができるところも日本人の魅力であると、本書の取材を通じて確信することができました。だから、育成においても、日本にしかない「高体連」と「Jリーグアカデミー」という二軸が存在する特長を生かして、前に進んでいくしかありません。むしろ、これを強みすることが、日本サッカーの文化となるのでしょう。

本書を執筆するに当たって、原稿のテイストや内容に至るまで、親身になって相談にのっていただいた東京ニュース通信社の影山伴巳さんにも感謝を示したいと思います。執筆途中には、方向性に悩み、もはや弱音としか表現できないほど、悩み、苦しみましたが、そのたびに道を示してくれたことで、ここまでまとめることができました。本当にありがとうございました。

そして最後に、育成年代の指導者の皆様には、今まで以上に指導内容について深く議論し、よりよい方向性を模索してもらえればと思います。本書の取材を通じて、選手たちにとって指導者との出会い、指導者の存在が、いかに大きいかを改めて実感しました。それだけに、「高体連」と「クラブ」という垣根を越えて意見交換の場や知識の伝達が行われていくことを願っています。

また、選手には、環境や現状に甘んじることなく、前進してほしいと思います。Jリーグのユースに入ることが、強豪校に入ることがゴールではありません。高校を卒業した後も、プロになった後も、それこそ社会人になったあとも、あなたの人生は続いていくからです。だから、そのときどきの自分に向き合い、全力を尽くせるかどうか。本書を通じて多くの指導者から話を聞いて感じたのは、成長できるかどうかは選手自身の力だと思ったからです。そして、選手が前を向いたとき、指導者はグラウンドで成長するヒントを与えてくれるはずです。

2019年11月

原田大輔

【表①】1998年W杯フランス大会 日本代表メンバー

No.	ポジション	選手名	所属	2種当時所属
1	GK	小島伸幸	ベルマーレ平塚	新島学園
20	GK	川口能活	横浜マリノス	清水商業
21	GK	楢﨑正剛	横浜フリューゲルス	奈良育英
2	DF	名良橋晃	鹿島アントラーズ	千葉英和
3	DF	相馬直樹	鹿島アントラーズ	清水東
4	DF	井原正巳	横浜マリノス	守山
5	DF	小村徳男	横浜マリノス	松江南
16	DF	齊藤俊秀	清水エスパルス	清水東
17	DF	秋田豊	鹿島アントラーズ	愛知
19	DF	中西永輔	ジェフユナイテッド市原	四日市中央工業
6	MF	山口素弘	横浜フリューゲルス	前橋育英
7	MF	伊東輝悦	清水エスパルス	東海大一
8	MF	中田英寿	ベルマーレ平塚	韮崎
10	MF	名波浩	ジュビロ磐田	清水商業
11	MF	小野伸二	浦和レッズ	清水商業
13	MF	服部年宏	ジュビロ磐田	東海大一
15	MF	森島寛晃	セレッソ大阪	東海大一
22	MF	平野孝	名古屋グランパスエイト	清水商業
9	FW	中山雅史	ジュビロ磐田	藤枝東
12	FW	呂比須ワグナー	ベルマーレ平塚	サンパウロ FC
14	FW	岡野雅行	浦和レッズ	松江日大
18	FW	城彰二	横浜マリノス	鹿児島実業

※所属チームは大会開催当時。

【表②】2002年W杯日韓大会 日本代表メンバー

No.	ポジション	選手名	所属	2種当時所属
1	GK	川口能活	ポーツマス	清水商業
12	GK	楢﨑正剛	名古屋グランパスエイト	奈良育英
23	GK	曽ヶ端準	鹿島アントラーズ	鹿島アントラーズユース
2	DF	秋田豊	鹿島アントラーズ	愛知
3	DF	松田直樹	横浜F・マリノス	前橋育英
4	DF	森岡隆三	清水エスパルス	桐蔭学園
16	DF	中田浩二	鹿島アントラーズ	帝京
17	DF	宮本恒靖	ガンバ大阪	ガンバ大阪ユース
5	MF	稲本潤一	アーセナル	ガンバ大阪ユース
6	MF	服部年宏	ジュビロ磐田	東海大一
7	MF	中田英寿	ベルマーレ平塚	韮崎
8	MF	森島寛晃	セレッソ大阪	東海大一
14	MF	三都主アレサンドロ	清水エスパルス	明徳義塾
15	MF	福西崇史	ジュビロ磐田	新居浜工業
18	MF	小野伸二	フェイエノールト	清水商業
19	MF	小笠原満男	鹿島アントラーズ	大船渡
20	MF	明神智和	柏レイソル	柏レイソル U-18
21	MF	戸田和幸	清水エスパルス	桐蔭学園
22	MF	市川大祐	清水エスパルス	清水エスパルスユース
9	FW	西澤明訓	セレッソ大阪	清水東
10	FW	中山雅史	ジュビロ磐田	藤枝東
11	FW	鈴木隆之	鹿島アントラーズ	日立工業
13	FW	柳沢敦	鹿島アントラーズ	富山第一

※地色はJクラブユース出身者。所属チームは大会開催当時。

【表③】2006年W杯ドイツ大会 日本代表メンバー

No.	ポジション	選手名	所属	2種当時所属
1	GK	楢崎正剛	名古屋グランパスエイト	奈良育英
12	GK	土肥洋一	FC東京	大津
23	GK	川口能活	ジュビロ磐田	清水商業
2	DF	茂庭照幸	FC東京	ベルマーレ平塚ユース
3	DF	駒野友一	サンフレッチェ広島	サンフレッチェ広島ユース
5	DF	宮本恒靖	ガンバ大阪	ガンバ大阪ユース
5	DF	中田浩二	バーゼル	帝京
19	DF	坪井慶介	浦和レッズ	四日市中央工業
21	DF	加地亮	ガンバ大阪	滝川第二
22	DF	中澤佑二	横浜F・マリノス	三郷工業
4	MF	遠藤保仁	ガンバ大阪	鹿児島実
7	MF	中田英寿	ボルトン	韮崎
8	MF	小笠原満男	鹿島アントラーズ	大船渡
10	MF	中村俊輔	セルティック	桐光学園
14	MF	三都主アレサンドロ	浦和レッズ	明徳義塾
15	MF	福西崇史	ジュビロ磐田	新居浜工業
17	MF	稲本潤一	ウエスト・ブロムウィッチ	ガンバ大阪ユース
18	MF	小野伸二	浦和レッズ	清水商業
9	FW	高原直泰	ハンブルガーSV	清水東
11	FW	巻誠一郎	ジェフユナイテッド千葉	大津
13	FW	柳沢敦	鹿島アントラーズ	富山第一
16	FW	大黒将志	グルノーブル	ガンバ大阪ユース
20	FW	玉田圭司	名古屋グランパスエイト	習志野

※地色はJクラブユース出身者。所属チームは大会開催当時。

【表④】2010年W杯南アフリカ大会 日本代表メンバー

No.	ポジション	選手名	所属	2種当時所属
1	GK	楢崎正剛	名古屋グランパス	奈良育英
21	GK	川島永嗣	川崎フロンターレ	浦和東
23	GK	川口能活	ジュビロ磐田	清水商業
3	DF	駒野友一	ジュビロ磐田	サンフレッチェ広島ユース
4	DF	田中マルクス闘莉王	名古屋グランパス	渋谷幕張
5	DF	長友佑都	FC東京	東福岡
6	DF	内田篤人	鹿島アントラーズ	清水東
13	DF	岩政大樹	鹿島アントラーズ	岩国
15	DF	今野泰幸	FC東京	東北
22	DF	中澤佑二	横浜F・マリノス	三郷工業
2	MF	阿部勇樹	浦和レッズ	ジェフ市原ユース
7	MF	遠藤保仁	ガンバ大阪	鹿児島実業
8	MF	松井大輔	グルノーブル	鹿児島実業
10	MF	中村俊輔	横浜F・マリノス	桐光学園
14	MF	中村憲剛	川崎フロンターレ	久留米
17	MF	長谷部誠	ヴォルフスブルグ	藤枝東
18	MF	本田圭佑	CSKAモスクワ	星稜
20	MF	稲本潤一	川崎フロンターレ	ガンバ大阪ユース
9	FW	岡崎慎司	清水エスパルス	滝川第二
11	FW	玉田圭司	名古屋グランパス	習志野
12	FW	矢野貴章	アルビレックス新潟	浜名
16	FW	大久保嘉人	ヴィッセル神戸	国見
19	FW	森本貴幸	カターニア	東京ヴェルディユース

※地色はJクラブユース出身者。所属チームは大会開催当時。

【表⑤】2014年W杯ブラジル大会 日本代表メンバー

No.	ポジション	選手名	所属	2種当時所属
1	GK	川島永嗣	スタンダール	浦和東
12	GK	西川周作	浦和レッズ	大分トリニータU-18
23	GK	権田修一	FC東京	FC東京U-18
2	DF	内田篤人	シャルケ	清水東
3	DF	酒井高徳	シュツットガルト	アルビレックス新潟U-18
5	DF	長友佑都	インテル	東福岡
6	DF	森重真人	FC東京	広島皆実
15	DF	今野泰幸	ガンバ大阪	東北
19	DF	伊野波雅彦	ジュビロ磐田	鹿児島実業
21	DF	酒井宏樹	ハノーファー	柏レイソルU-18
22	DF	吉田麻也	サウサンプトン	名古屋グランパスU-18
7	MF	遠藤保仁	ガンバ大阪	鹿児島実業
14	MF	青山敏弘	サンフレッチェ広島	作陽
16	MF	山口蛍	セレッソ大阪	セレッソ大阪U-18
17	MF	長谷部誠	ニュルンベルク	藤枝東
4	FW	本田圭佑	ACミラン	星稜
8	FW	清武弘嗣	ニュルンベルク	大分トリニータU-18
9	FW	岡崎慎司	マインツ	滝川第二
10	FW	香川真司	マンチェスターU	FCみやぎバルセロナ
11	FW	柿谷曜一朗	セレッソ大阪	セレッソ大阪U-18
13	FW	大久保嘉人	川崎フロンターレ	国見
18	FW	大迫勇也	1860ミュンヘン	鹿児島城西
20	FW	齋藤学	横浜F・マリノス	横浜F・マリノスユース

※地色はJクラブユース出身者。所属チームは大会開催当時。

【表⑥】2018年W杯ロシア大会 日本代表メンバー

No.	ポジション	選手名	所属	2種当時所属
1	GK	川島永嗣	メス	浦和東
12	GK	東口順昭	ガンバ大阪	洛南
23	GK	中村航輔	柏レイソル	柏レイソルU-18
2	DF	植田直通	鹿島アントラーズ	大津
3	DF	昌子源	鹿島アントラーズ	米子北
5	DF	長友佑都	ガラタサライ	東福岡
6	DF	遠藤航	浦和レッズ	湘南ベルマーレU-18
19	DF	酒井宏樹	マルセイユ	柏レイソルU-18
20	DF	槙野智章	浦和レッズ	サンフレッチェ広島ユース
21	DF	酒井高徳	ハンブルガーSV	アルビレックス新潟U-18
22	DF	吉田麻也	サウサンプトン	名古屋グランパスU-18
4	MF	本田圭佑	パチューカ	星稜
7	MF	柴崎岳	ヘタフェ	青森山田
8	MF	原口元気	ハノーファー	浦和レッズユース
10	MF	香川真司	ドルトムント	FCみやぎバルセロナ
11	MF	宇佐美貴史	デュッセルドルフ	ガンバ大阪ユース
14	MF	乾貴士	ベティス	野洲
16	MF	山口蛍	セレッソ大阪	セレッソ大阪U-18
17	MF	長谷部誠	フランクフルト	藤枝東
18	MF	大島僚太	川崎フロンターレ	静岡学園
9	FW	岡崎慎司	レスター	滝川第二
13	FW	武藤嘉紀	マインツ	FC東京U-18
15	FW	大迫勇也	ブレーメン	鹿児島城西

※地色はJクラブユース出身者。所属チームは大会開催当時。

【表⑦】高円宮杯プレミアリーグ歴代ファイナリスト

年度	優勝チーム	準優勝チーム
2011	サンフレッチェ広島ユース	コンサドーレ札幌U-18
2012	サンフレッチェ広島ユース	東京ヴェルディユース
2013	流経大柏	ヴィッセル神戸U-18
2014	セレッソ大阪U-18	柏レイソル U-18
2015	鹿島アントラーズユース	ガンバ大阪ユース
2016	青森山田	サンフレッチェ広島ユース
2017	FC東京U-18	ヴィッセル神戸U-18
2018	サンフレッチェ広島ユース	鹿島アントラーズユース

※地色はJクラブユースチーム

【表⑨】2019年度プレミアリーグ WEST 成績(16節終了時)

順位	チーム	勝点
1	名古屋グランパス U-18	38
2	ガンバ大阪ユース	31
3	大津	30
4	京都サンガ U-18	29
5	サンフレッチェ広島ユース	26
6	ヴィッセル神戸U-18	19
7	東福岡高校	19
8	セレッソ大阪U-18	15
9	アビスパ福岡U-18	13
10	愛媛FC U-18	6

※地色はJクラブユースチーム

【表⑧】2019年度プレミアリーグ EAST 成績(16節終了時)

順位	チーム	勝点
1	青森山田	31
2	柏レイソル U-18	25
3	市立船橋	24
4	浦和レッズユース	22
5	清水エスパルスユース	21
6	流経大柏	21
7	ジュビロ磐田U-18	19
8	尚志	19
9	大宮アルディージャ U18	18
10	鹿島アントラーズユース	17

※地色はJクラブユースチーム

【表⑩】高円宮杯全日本ユース（U-18）サッカー選手権大会・決勝戦戦績

回数	開催年	優勝チーム	決勝スコア	準優勝チーム
プレ大会	1989年	清水商業	3-1	国見
第1回	1990年	清水商業	2-0	習志野
第2回	1991年	徳島市立	1-0	国見
第3回	1992年	藤枝東	3-1	読売日本SCユース
第4回	1993年	清水商業	1-0	鹿児島実業
第5回	1994年	清水商業	3-1	読売日本SCユース
第6回	1995年	清水商業	5-0	日産F.C.横浜マリノスユース
第7回	1996年	鹿児島実業	5-1	東福岡
第8回	1997年	東福岡	3-2	清水商業
第9回	1998年	藤枝東	3-2	ガンバ大阪ユース
第10回	1999年	ジュビロ磐田U-18	4-1	ベルマーレ平塚U-18
第11回	2000年	清水商業	3-2	前橋商業
第12回	2001年	国見	1-0	FC東京U-18
第13回	2002年	国見	4-2	星稜
第14回	2003年	市立船橋	1-0	静岡学園
第15回	2004年	サンフレッチェ広島ユース	1-0	ジュビロ磐田U-18
第16回	2005年	東京ヴェルディユース	4-1	コンサドーレ札幌U-18
第17回	2006年	滝川第二	3-0	名古屋グランパスエイトU-18
第18回	2007年	流経大柏	1-0	サンフレッチェ広島ユース
第19回	2008年	浦和レッズユース	9-1	名古屋グランパスU-18
第20回	2009年	横浜F・マリノスユース	7-1	ジュビロ磐田U-18
第21回	2010年	サンフレッチェ広島ユース	2-1	FC東京U-18

※地色はJクラブユースチーム

【表⑪】関東スーパーリーグ 順位表

●2000年大会

順位	チーム	都道府県
1	武南	埼玉
2	市立船橋	千葉
3	静岡学園	静岡
4	前橋商業	群馬
5	帝京	東京
6	清水商業	静岡
7	暁星	東京
8	習志野	千葉
9	水戸商業	茨城
10	桐光学園	神奈川
11	佐野日大	栃木
12	韮崎	山梨
13	前橋育英	群馬
14	帝京第三	山梨

●2002年大会

順位	チーム	都道府県
1	弥栄西	神奈川
2	流経大柏	千葉
3	浦和レッズユース	埼玉
4	横浜F・マリノスユース	神奈川
5	FC東京U-18	東京
6	市立船橋	千葉
7	帝京	東京
8	韮崎	山梨
9	鹿島アントラーズユース	茨城
10	佐野日大	栃木
11	桐光学園	神奈川
12	前橋育英	群馬
13	伊奈学園総合	埼玉
14	國學院栃木	栃木
15	常磐	群馬
16	水戸商業	茨城
17	鹿島	茨城
18	帝京第三	山梨
19	国分寺	東京
20	浦和南	埼玉

※地色はJクラブユースチーム

【表⑫】2019　U-20W杯ポーランド大会 日本代表メンバー

No.	ポジション	選手名	所属	2種当時所属
1	GK	若原智哉	京都サンガ	京都サンガU-18
12	GK	茂木秀	セレッソ大阪	桐光学園
21	GK	鈴木彩艶	浦和レッズユース	浦和レッズユース
15	DF	鈴木冬一	湘南ベルマーレ	長崎総科大附属
4	DF	瀬古歩夢	セレッソ大阪	セレッソ大阪U-18
17	DF	三国ケネディエブス	アビスパ福岡	青森山田
5	DF	菅原由勢	名古屋グランパス	名古屋グランパスU-18
19	DF	喜田陽	アビスパ福岡	セレッソ大阪U-18
3	DF	小林友希	ヴィッセル神戸	ヴィッセル神戸U-18
2	DF	東俊希	サンフレッチェ広島	サンフレッチェ広島ユース
10	MF	齊藤未月	湘南ベルマーレ	湘南ベルマーレU-18
7	MF	伊藤洋輝	名古屋グランパス	ジュビロ磐田U-18
6	MF	郷家友太	ヴィッセル神戸	青森山田
8	MF	藤本寛也	東京ヴェルディ	東京ヴェルディユース
16	MF	山田康太	横浜F・マリノス	横浜F・マリノスユース
9	MF	斉藤光毅	横浜FCユース	横浜FCユース
11	FW	田川亨介	FC東京	サガン鳥栖U-18
18	FW	原大智	FC東京	FC東京U-18
13	FW	宮代大聖	川崎フロンターレ	川崎フロンターレU-18
20	FW	中村敬斗	ガンバ大阪	三菱養和SCユース
14	FW	西川潤	桐光学園	桐光学園

※地色はJクラブユース出身者。所属チームは大会開催当時。

【表⑬】2019　U-17W杯ブラジル大会 日本代表メンバー

No.	ポジション	選手名	所属
1	GK	鈴木彩艶	浦和レッズユース
12	GK	野澤大志ブランドン	FC東京U-18
21	GK	佐々木雅士	柏レイソルU-18
3	DF	半田陸	モンテディオ山形ユース
5	DF	畑大雅	市立船橋
15	DF	村上陽介	大宮アルディージャU18
18	DF	角昂志郎	FC東京U-18
2	DF	鈴木海音	ジュビロ磐田U-18
4	DF	中野伸哉	サガン鳥栖U-18
16	MF	山内翔	ヴィッセル神戸U-18
6	MF	藤田譲瑠チマ	東京ヴェルディユース
19	MF	田村蒼生	柏レイソルU-18
13	MF	横川旦陽	湘南ベルマーレU-18
8	MF	成岡輝瑠	清水エスパルスユース
17	MF	田中聡	湘南ベルマーレU-18
14	MF	中野桂太	京都サンガU-18
7	MF	三戸舜介	JFAアカデミー福島U-18
20	MF	光田脩人	名古屋グランパスU-18
9	FW	若月大和	桐生第一
10	FW	西川潤	桐光学園
11	FW	唐山翔自	ガンバ大阪ユース

※地色はJクラブユース所属。所属チームは大会開催当時。

Profile

原田大輔（はらだ・だいすけ）

1977年1月27日生まれ。サッカー専門誌の編集を経て、2004年より『ワールドサッカーグラフィック』の編集部に所属。同誌では編集長を務め、06年ドイツワールドカップやユーロ2008を取材。その後、09年に独立し、スポーツ専門プロダクション『SCエディトリアル』を立ち上げる。複数のスポーツ専門誌やスポーツメディアに記事を寄稿しつつ、書籍や雑誌のプロデュースも行う。構成を担当した主な書籍としては『小さくても、勝てる。』（佐藤寿人／幻冬舎）、『あきらめない勇気』（佐藤勇人・佐藤寿人／東邦出版）、監修した書籍としては『2018ロシアワールドカップ完全ガイド』（TAC出版）、MOOKでは『FOOTBALL PEOPLE』シリーズ（ぴあ）などがある。Jリーグの取材も積極的に行っている。

撮　影　　池田エイシュン（本田裕一郎、山田耕介）
中越春樹（池内豊、中村忠、ルカ・モネーゼ）
蓮尾美智子（渡辺毅、影山雅永）

カバーデザイン　長谷部貴志（長谷部デザイン室）
本文デザイン　根岸郁乃（長谷部デザイン室）

参考文献　『高校サッカー100年』（講談社）
『サッカー育成改革論』（カンゼン）
『前育主義』（学研プラス）
『サッカークリニック』2000年5月号（ベースボール・マガジン社）
※その他、各法人、団体等のホームページ

高体連vsJクラブユース
育成年代
日本サッカーの将来を担うのはどっちだ!?

第1刷　2019年12月16日

著　者　原田大輔

発行者　田中賢一

発　行　株式会社東京ニュース通信社
〒104-8415 東京都中央区銀座7-16-3
電話03-6367-8004

発　売　株式会社講談社
〒112-8001　東京都文京区音羽2-12-21
電話03-5395-3608

ISBN978-4-06-518371-7